19.80

MARIANNE DIRKS

SICH WANDELN

UND NICHT

MÜDE WERDEN

LEBENSTEXTE

MARIANNE DIRKS

SICH WANDELN UND NICHT MÜDE WERDEN

LEBENSTEXTE

HERAUSGEGEBEN VON ANNELIESE LISSNER

KLENS-VERLAG, DÜSSELDORF

Impressum

Umschlaggestaltung und Layout:
Norbert Ciernioch, Viersen

Satz und Druck:
Druckerei Steyl b. v., Tegelen NL

ISBN 3 87309 119 4

DIESES BUCH IST GEDRUCKT AUF 100% RECYCLING-PAPIER.

I N H A L T

„Wachheit und Kreativität – geschenkt als Auftrag"

Ein Wort zu Marianne Dirks und den Texten dieses Buches

Ende August 1993 feierten wir mit Marianne Dirks, die von 1951bis1971 Präsidentin der Katholischen Frauengemeinschaft Deutschlands war, die Vollendung ihres 80. Lebensjahrs. Zeitzeugen ihres Wirkens für den Aufbruch der Frauen in der Kirche, für kirchliche Erneuerung im Zweiten Vatikanischen Konzil und in der Gemeinsamen Synode der Bistümer der Bundesrepublik Deutschland, für Ökumene und Frieden in der Welt würdigten ihre Arbeit und ihre Persönlichkeit. Sie selbst bekannte sich am Rednerpult zu der Notwendigkeit der immer neuen Wandlung, durch die bis ins hohe Alter die Selbstwerdung, die Authentizität des Menschen sich vollendet. Musik, die zu ihrem Leben gehörte, gab dem Fest Harmonie und Heiterkeit, lebendige Gespräche verbanden die Jubilarin mit ihren Gästen. – Sechs Wochen später, am 15. Oktober, ist Marianne Dirks gestorben, in der Stille der Nacht, im Frieden Gottes, entschlafen.

Ein Buch mit Texten von Marianne Dirks war schon zu ihrem Geburtstag geplant. Sie selber hatte aus der Fülle ihres Archivs, der Referate, Artikel, Bücher, Ansprachen eine Vorauswahl getroffen und Bearbeitung und Aktualisierung angeboten. Ihre Auswahl ist Maßstab geblieben;

die Aktualität, die Zukunftsgerichtetheit vieler ihrer Überlegungen und Erwartungen, scheint mir nach wie vor gegeben. Redigiert wurden nur solche Stellen in den Texten, die sich auf sehr konkrete Situationen zur Zeit der Aussage bezogen und für die LeserInnen jetzt nicht mehr verständlich sind. Einige Beiträge mußten auch gekürzt werden.

Da die Auswahl der Texte im Zusammenhang mit Arbeit und Leben der Autorin steht, soll diese auch hier kurz vorgestellt werden: Marianne Dirks, 1913 in Freiburg geboren, als Musiklehrerin ausgebildet, war mit dem Publizisten Walter Dirks verheiratet. Zehn Jahre lebte das Ehepaar in Frankfurt, vier Töchter wurden dort geboren. Marianne Dirks engagiert sich in ihrer Gemeinde mit Angeboten zur Glaubensvertiefung und religiösen Weiterbildung von Frauen. Sie kommt in Kontakt mit der Frauenseelsorge des Bistums und darüber hinaus mit den verantwortlichen Mitarbeiterinnen des Zentralverbandes der Katholischen Frauen- und Müttergemeinschaften Deutschlands. Dessen Generalpräses, Hermann Klens, beruft sie 1951 zur Präsidentin des Verbandes, zu der sie bald auch gewählt wird. Bis 1972 hat sie, mehrmals wiedergewählt, dieses Amt innegehabt.

In dieser Aufgabe wuchs ihre Überzeugung von der Eigenständigkeit der Frauen auch im geistlichen Bereich. Wichtigste Verbandsziele waren ihr Bildung und Befähigung der Frauen zu eigener Spiritualität und pastoraler Kompetenz, damit sie ihrer besonderen Verantwortung für den Heilsauftrag der Kirche gerecht werden könnten. Für diese Schwerpunkte hat sie sich im Verband, in seiner Mitgliederzeitschrift, in Vorträgen und Artikeln eingesetzt und geworben.

„Missionarisch", im Sinne von einladend und offen für alle Frauen, für alle Menschen, so akzentuierte sie ihre Vor-

stellung von der Arbeit eines kirchlichen Frauenverbandes und vom Auftrag der Kirche. Die ökumenische Ausrichtung lag ihr am Herzen, und sie knüpfte zahlreiche Verbindungen zur evangelischen Frauenarbeit. Mit viel Mut und sanfter Zähigkeit vertrat sie im Zentralkomitee der deutschen Katholiken, als Mitglied und als Vizepräsidentin, die ökumenische Bewegung, die Öffnung zu einem politischen Pluralismus, trat ein für die Akzeptanz der Friedensbewegung und die nach kirchlicher Aufwertung strebenden Frauen.

Weihbischof Ernst Gutting, 1968–1972 Generalpräses der Katholischen Frauengemeinschaft Deutschlands, würdigt in seinen Ausführungen in diesem Buch Marianne Dirks' Beitrag zur Stabilisierung eines neuen christlichen Frauenbildes; Pfarrer Hans Werners beschreibt ihren Einsatz als Synodalin in der Gemeinsamen Synode der Bistümer der Bundesrepublik Deutschland vor allem für die Eigenverantwortung der Eheleute in der Geburtenplanung und für die kirchliche Akzeptanz der nach gescheiterter Ehe wiederverheirateten Gläubigen: Anliegen, die immer noch aktuell und ungelöst, Argumente, die immer noch zutreffend sind.

Im letzten Kapitel des Buches kommen persönliche Lebens-Einsichten, Alterserfahrungen zur Sprache. Nach dem Ausscheiden als Präsidentin der kfd engagierte sich Marianne Dirks von neuem wieder da, wo sie begonnen hatte, in der eigenen Pfarrgemeinde. Sie spielte im Gottesdienst die Orgel, las mit den Frauen die Bibel und bereitete mit anderen Weltgebetstagsgottesdienste vor. Zusammen mit ihrem Mann erhielt sie 1986 die Ehrenbürgerschaft der Gemeinde, die den beiden in einem langen Lebensherbst – Walter Dirks starb im Januar 1991 als Neunzigjähriger – heimatliche Geborgenheit schenkte. Von hier *brach Marianne Dirks aber auch immer wieder auf, um von ihren Erfahrungen, Hoffnungen und Besorgnissen in Fragen des Glaubens Zeugnis zu geben. Auf der 3. Delegiertenversammlung der kfd im Mai 1993, die zugleich das 65. Jubiläum der Gründung des Zentralverbandes beging, war sie, mit der Bahn und mit Rucksack angereist, ein verehrter Gast.*

„… daß Wachheit und Kreativität bis ins Alter geschenkt sind als Auftrag, als Stärkung zum Weitergeben an andere", bekennt Marianne Dirks als eine Glaubensverpflichtung. – Mögen von ihrer Wachheit und Kreativität die Leserinnen und Leser dieses Buches weiterhin Gewinn schöpfen.

Anneliese Lissner

Erfahrungen

in

der

Kirche

Worauf Frauen hoffen

Das Bemühen, mich immer wieder mit den rasch wechselnden Fragestellungen zu dem Komplex Frau in der Kirche auseinanderzusetzen, bringt mich immer neu in einen gewissen Zwiespalt: sehe ich den ganzen Komplex aus der Perspektive eines halben Jahrhunderts, dann muß ich finden, daß sich in dieser Zeit sehr viel zum Positiven gewandelt hat; identifiziere ich mich dagegen mit Aussagen feministischer Theologinnen (von denen mir dem Alter und der Grundhaltung nach Catharina Halkes am nächsten steht), dann muß ich finden, daß wir mit der Öffnung der Kirche für die gleichrangige Mitarbeit von Frauen und Männern noch ganz am Anfang stehen. Ich ertappe mich dann gelegentlich auch dabei, wie ich selber noch in patriarchalischen Denk-Kategorien gefangen bin. Soll man durch diesen Zwiespalt nicht mutlos oder unglaubwürdig gemacht werden, dann muß man gleichsam auf zwei Geleisen fahren: Mit dem einen meine ich das geduldige und zähe Engagement mit den Frauen an der Basis auf sehr verschiedenen Stufen des Bewußtseinsstandes, vor allem aber bei solchen, die noch in einem patriarchalisch geprägten Traditionschristentum verharren, denen ihre Abhängigkeit von Männern überhaupt noch nicht bewußt geworden ist oder erst sehr allmählich bewußt wird. Mit ihnen den Weg der Selbstfindung und des Wachwerdens zur Verantwortung noch einmal zu gehen, ist trotz aller Mühsal ein hoffnungsvolles Unterfangen.

Dabei muß ich bemerken, daß ich im wesentlichen aus der Erfahrung mit Frauen der katholischen Kirche spreche, was nicht heißt, daß die ökumenische Zusammenarbeit uns nicht besonders wichtig gewesen wäre und in der Praxis sehr rege ist. Ich nenne nur das Stichwort Weltgebetstag der Frauen. Hier wird praktiziert, was die Männer im Weltrat der Kirchen nicht fertiggebracht haben.

Mit dem anderen Geleis meine ich die Offenheit für die feministische Theologie, soweit sie aus der Mitte der christlichen Substanz erwächst; daß man sich auf sie einläßt und nach Möglichkeit ins Gespräch mit ihren Vertreterinnen kommt. Wichtig scheint mir, daß wir die feministische Theologie sehen und erfahren als eine Antwort auf die „Zeichen der Zeit" (Johannes XXIII.), als hervorgewachsen aus den großen Befreiungsbewegungen und auch als eine ökumenische Bewegung. Freilich ist sie – bis jetzt jedenfalls – mehr ein Aufbruch qualifizierter Minderheiten als ein breiter Aufbruch von unten wie bei der lateinamerikanischen Theologie der Befreiung. Anders als bei den armen Christen in Brasilien oder El Salvador, wo der Leidensdruck so groß geworden ist, daß er Aufstand und Kreativität auch beim Volk erzeugt hat, ist eben vielen Frauen in der Kirche ihre Situation der Unterordnung und auch oft Abhängigkeit noch nicht zum Problem geworden.

Mit Frauen einer ländlichen Pfarrgemeinde in der Umgebung von Freiburg hatte ich ein Gespräch über Glaubenserfahrungen von Frauen, wie sie in dem Buch „Glauben Frauen anders?" berichtet werden. Ein großer Teil der Anwesenden brachte kein Verständnis auf für die Schwierigkeiten, die emanzipierte Frauen mit der Kirche und dem Klerus hatten. „Wir kommen doch mit dem Pfarrer ganz gut aus, und man soll nicht künstlich Probleme schaffen", meinten sie. Sie wollten auch nicht einsehen, daß Glauben und Emanzipation der Frauen etwas miteinander zu tun haben könnten, während mir immer klarer wird, daß der Weg zum Jasagen auf den Anruf des Geistes zugleich den Prozeß zur inneren Selbständigkeit und Freiheit von Fremdbestimmung voraussetzt. Viele Frauen an der Basis brauchen aber vorerst dazu noch Anstöße und schwesterliche Begleitung.

Was nun die Situation der Feministinnen im Hinblick auf die Frauen an der Basis angeht, so scheint mir die Gefahr bei manchen von ihnen in der Elitebildung, wenn auch in Gruppen, und der Akademisierung zu liegen. Aber anderseits sind noch nie wichtige Bewegungen in der Gesellschaft und in der Kirche vorangekommen ohne die Pionierarbeit qualifizierter Minderheiten; und die Forschungsarbeiten der Frauen über den vergessenen, unsichtbar gemachten Anteil der Frauen an wissenschaftlicher Arbeit sind ganz wichtig.

Was hat sich in den letzten 50 Jahren geändert? Wie ist heute die Situation in den Gemeinden und die Chancen der Frauen für heute und morgen zu sehen? Der Wortlaut zweier kirchlicher Verlautbarungen mag deutlich machen, wie sich die Haltung der offiziellen Kirche in einer Zeitspanne von 50 Jahren vor und nach dem 2. Weltkrieg verändert hat: 1931, das war ein Jahr vor meinem Abitur, schrieb Pius XI. in seiner Sozialenzyklika Quadragesimo Anno: „Familienmütter sollen in ihrer Häuslichkeit und dem, was dazu gehört, ihr hauptsächliches Arbeitsfeld finden in der Erfüllung ihrer hausfraulichen Obliegenheiten. Daß dagegen Hausfrauen und Mütter wegen Unzulänglichkeit des väterlichen Arbeitsverdienstes zum Schaden ihres häuslichen Pflichtenkreises und besonders der Kindererziehung außerhäuslicher Erwerbsarbeit nachzugehen genötigt sind, ist ein schändlicher Mißbrauch, der, koste es, was es wolle, verschwinden muß ..." Dagegen heißt es im Wort der deutschen Bischöfe zu Fragen der Stellung der Frau in Kirche und Gesellschaft von 1981, also genau 50 Jahre später: „... Der Dienst der Frauen in der Familie, der zugleich Dienst an der kommenden Generation ist, bedarf in unserer Gegenwart unbedingt größerer öffentlicher Anerkennung und Wertschätzung. Dennoch kann nicht jede Frau heute und morgen in gleicher Weise auf familiäre Aufgaben festgelegt werden. Frauen und Männer können in vielerlei Aufgaben ihre je eigene Art einbringen. Im Lauf des Lebens werden Frauen oft im zeitlichen Nacheinander Erwerbstätigkeit und Familienaufgaben übernehmen. Ebenso können sie ihre Familienaufgabe verbinden mit Erwerbstätigkeit oder anderen gesellschaftlichen Tätigkeiten, wie etwa ehrenamtlichen Diensten. Aus der Verschiedenheit, die in personaler Gleichheit eingebunden ist, darf keine Zurückweisung ihrer individuellen Fähigkeiten und Begabungen abgeleitet werden. Deshalb müssen alle noch vorhandenen, sich fälschlich auf die Verschiedenheit stützenden Diskriminierungen und Rechtsungleichheiten der Frau in Kirche und Gesellschaft überwunden werden."

Wenn jemand denken sollte, ein Wort der deutschen Bischöfe habe doch wohl nicht die gleiche Autorität wie ein Papstwort, so könnte ich Äußerungen von Johannes XXIII. oder auch Paul VI. oder aus den Konzilstexten nennen, die mindestens so weit gehen, wo von der Unabhängigkeit der Frau als Person und ihrer „Gleichberechtigung im kulturellen, wirtschaftlichen und politischen Leben" die

Rede ist, ganz zu schweigen von den Texten aus der bundesdeutschen Synode. Diese hatte ja in einem Votum nach Rom darum gebeten, daß alle Bestimmungen des Kirchenrechts aufgehoben werden, die der Würde und der Rechtsgleichheit der Frau nicht entsprechen.

Nun könnte man – sicher mit Recht – sagen: Was nützen Äußerungen kirchlicher Autoritäten, wenn sie in der Praxis der Gemeinden weithin noch nicht realisiert werden? Tatsächlich kann man jedoch auch in der Praxis auf viele hoffnungsvolle positive Entwicklungen hinweisen, nicht zuletzt in der kirchlichen Gruppenarbeit mit Frauen. Das wird deutlich, wenn man sich etwa klarmacht, wie es vor dem 1. Weltkrieg noch selbstverständlich war, daß Pfarrer die Leitung der Frauengruppen bis hin zur Verwaltung der Gelder in der Hand hatten. Der stärkste Einbruch in die patriarchalische Praxis von Frauengruppen, die sich vor dem Krieg noch Müttervereine nannten, erfolgte 1945, als die Gruppen, die in der Nazizeit aufgelöst worden waren, ganz neu anfingen, sich zu formieren. Viele Frauen waren durch die Kriegssituation, wo sie im Betrieb oder Geschäft ihre Frau zu stehen hatten, selbstständig geworden und ließen sich nicht mehr durch den Pfarrer gängeln. Daß Frauen selber die Leitung der Frauengemeinschaften in die Hand nahmen, war etwas ganz Neues, was aber bald Schule machte, sofern die Pfarrer mitspielten. Ich wurde damals als junge Frau mit zwei kleinen Kindern in einer neuen Pfarrei am Stadtrand von Frankfurt sogar von meinem Pfarrer gebeten, die Frauengruppe zu übernehmen, und habe das dann zehn Jahre bis zum Wegzug nach Köln mit viel Freude an den Entfaltungsmöglichkeiten einer solchen Arbeit getan. Sie war meine beste Schule für alles spätere Engagement auch in verantwortlichen Ämtern im institutionalisierten deutschen Katholizismus; dort habe ich mich immer viel schwerer getan als mit den Frauen an der Basis.

Wenn ich nun heute gelegentlich bei Tagungen oder Feiern Einblick in die Arbeit der Frauengemeinschaften der kfd in verschiedenen Diözesen bekomme, bin ich erstaunt und hoch erfreut, was da in den letzten Jahren gewachsen ist, und ich spüre deutlich die Wirksamkeit der gegenwärtigen Frauenbewegung und der feministischen Einflüsse, nicht zuletzt auch in den Zeitschriften, sogar in den Leserinnenzuschriften. Bei Festen der Frauengemeinschaft fällt mir der veränderte, schwesterlich-brüderliche Stil des Umgangs miteinander auf. Da ist nichts mehr von devoter Haltung gegenüber dem hochwürdigen Herrn Präses, aber auch kaum noch autoritäres Verhalten von seiner Seite gegenüber den Frauen zu spüren. Besonders erfreulich ist es natürlich, wenn progressiver theologischer Sachverstand und Engagement in dieser Gruppenarbeit zusammentreffen, wenn feministische Theologinnen die Chance wahrnehmen, bei den Basisfrauen zu sprechen.

Doch dürfen solche hoffnungsvollen Ansätze an verschiedenen Ecken der Bundesrepublik uns nicht darüber hinwegtäuschen, daß vielerorts die Frauen noch von Männern, und nicht nur von Pfarrern, abhängig sind.

Mehr als während der Jahre in den Großstädten Frankfurt und Köln erfahre ich jetzt in meinem kleinen Dorf am Schwarzwaldrand mit einem geringen Prozentsatz bäuerlicher Bevölkerung, wie schwer eine Bewußtseinsänderung ist, wenn in tiefen Schichten eine patriarchalische Grundhaltung sitzt, wie sie aber doch durchaus möglich ist. So war eine junge Bäuerin in meiner Gemeinde lange Zeit heftig dagegen, daß wir dem Pfarrer abrangen, beim Gottesdienst Frauen die Lesung vortragen zu lassen, solange ein Mann verfügbar sei. Nachdem wir aber das erreicht und schon eine Weile geübt hatten, erklärte sie sich eines Tages bereit, selber die Lesung zu übernehmen, und gestand: „Ich habe eingesehen, daß Frauen das genauso gut können."

Vom Kirchenrecht her ist es heute, mit gewissen Einschränkungen, durchaus möglich, daß Frauen diesen Dienst des Lektors übernehmen. Die kirchenrechtlichen Bestimmungen über Rechte und mögliche Funktionen der Frauen in der Kirche sind ziemlich kompliziert, teilweise erscheinen sie uns auch widersprüchlich. Vieles wird durch Gewohnheitsrecht oder Partikularrecht (also Bestimmungen für begrenzte Gebiete) einfach praktiziert. Für uns in der Bundesrepublik Deutschland ist es wichtig, daß die deutsche Bischofskonferenz für eine Öffnung nach vorn eintritt, also etwa auch für die Erlaubnis, daß Frauen den Altarraum betreten dürfen. Viele von uns waren freilich enttäuscht, daß der neue CIC zwar die Rechtsstellung der Frau durch nachkonziliare Normen, besonders aber durch Partikularrecht und Gewohnheitsrecht, etwas verbessert hat, daß aber keineswegs ein entscheidender Durchbruch erfolgt ist.

Frauen, denen die Stellung der Frau in der Kirche noch nicht zum Problem geworden ist, haben wenig Verständnis für die Frage nach ihrer Zulassung zum Weiheamt. Vielen ist es schon ein Ärgernis, diese Frage überhaupt zu stellen. Dabei hat schon während des Konzils eine deutsche Theologin unsere Bischöfe gebeten, sie zum Priester zu weihen. Damals hat dieses Ansinnen, für das sicher die Stunde nicht reif war, bei den Bischöfen nur Entsetzen hervorgerufen. Heute wird auch der eine oder andere deutsche Bischof die Auffassung vertreten, daß keine theologischen Gründe gegen die Zulassung der Frau zum Weiheamt vorliegen, wohl aber psychologische oder geschichtliche Gründe, daß man sich aber für die Frage offenhalten sollte, mindestens in der Diskussion.

Immerhin haben die deutschen Bischöfe auf der bundesdeutschen Synode ein Votum an den Papst mitbeschlossen, in dem sie ihn bitten, „die Frage des Diakonats der Frau entsprechend den heutigen theologischen Erkenntnissen zu prüfen und angesichts der gegenwärtigen pastoralen Situation womöglich Frauen zur Diakonatsweihe zuzulassen". Ich hatte allerdings bei der lebhaften Diskussion in der Synode der Eindruck, daß einige Bischöfe gar nicht für den weiblichen Diakonat waren, da sie mit seiner Einführung einen Einbruch zugunsten der Weihe von Frauen zum kirchlichen Amt überhaupt und damit eine Brücke zur Priesterweihe befürchteten.

Eine undifferenzierte Forderung nach der Zulassung zum Weihepriestertum erscheint mir problematisch, solange dieses geprägt ist von den patriarchalischen Strukturen und Praktiken der Kirche. Ich meine, es müßten erst noch andere Aufbrüche zur Erneuerung der Kirche vorausgehen, ehe diese Öffnung erfolgen sollte. Doch könnte man umgekehrt auch fragen, ob sich nicht vieles ändern würde, wenn man erst einmal diese Öffnung wagte, wie es die evangelische Kirche ja auch erfahren hat. (Freilich gibt es auch Pfarrerinnen, die behaupten, mit der Frauen-Ordination habe sich an der Herrschaft der Männer in ihrer Kirche nicht viel geändert.)

Hier meldet sich wieder Zwiespalt – oder auch Widerspruch: Auf der einen Seite stellen wir hoffnungsvolle Prozesse des Aufbruchs von Frauen auf breiter Front fest; auf der anderen verzweifeln aktive, qualifizierte Frauen, die bereit waren, sich für den Aufbruch der Frauen auch in der Kirche zu engagieren, daran, hier durchgreifend etwas zu ändern; viele, gerade junge, wenden sich resigniert von der Kirche ab. Um so kostbarer sind uns die Feministinnen, die in der Kirche aushalten, um sie zu ändern. Die Niederländerin Catharina Halkes, die den ersten und bis heute einzigen Lehrstuhl für feministische Theologie innehatte, fühlte sich manchmal zwischen den Fronten; aber gerade dadurch macht sie uns Mut und stärkt auch Frauen meiner Generation immer wieder zum Aufbrechen. Doch auch sie meinte realistisch, daß an die Abschaffung des Zölibats und an „den weiblichen Priester" nicht zu denken sei, solange die Angst vor der Geschlechtlichkeit der Frau noch in tiefen Schichten der verantwortlichen Männer festsitze. Halkes Deutung des Phänomens leuchtet sehr ein: das zähe unterschwellige Mißtrauen und die oft mühsam überspielte Abwehrhaltung vieler Zölibatäre gegenüber der Mitarbeit der Frauen sind Symptome einer nur schwer zu überwindenden, zumeist unbewußten Angst vor der Geschlechtlichkeit der Frau. Ihre geschlechtlichen Kräfte, ihre Einbindung in einen bestimmten zyklischen Rhythmus, ihre Gebärfähigkeit waren in vorchristlichen Jahrhunderten einmal Ursache der Hochschätzung des Weiblichen als Trägers göttlicher Kräfte. In einem langwierigen, geschichtlichen Prozeß hat sich das ins Gegenteil verkehrt. Der ganze Komplex wurde als unheimlich, manchmal auch abstoßend tabuisiert, oft auch als dämonisch abgewehrt. So entstand die Angst vor den Frauen als Verführerinnen oder Zauberinnen, vor allem, wenn sie über die Vorgänge der Geburt oder die Möglichkeiten von Empfängnisverhütung und Abtreibung Bescheid wußten, wie die Hebammen. Von hier aus fällt ein Licht auf das Verbot für Frauen, den heiligen Bezirk des Altarraums zu betreten, aber auch auf die Hexenverfolgung im späten Mittelalter und der beginnenden Neuzeit.

Von hier aus erklärt sich auch, daß so vieles, was Frauen durch die Jahrhunderte geleistet haben, totgeschwiegen wurde, außer, wenn es sich um Fürstinnen oder große heilige Frauen handelte. Die meisten von diesen waren dann wieder durch ihr asketisches jungfräuliches Leben herausgehoben, als „vergeistigt" akzeptiert, ja verehrt.

In der ersten Frauenbewegung bemühten Frauen sich, in den männlichen Strukturen die gleichen Rechte und Leistungen zu erreichen wie Männer; im kirchlichen Raum waren sie stark auf soziale Ziele gerichtet. Die heutige Frauenbewegung geht als Teil der Freiheitsbewegungen in aller Welt viel weiter, sie will die von Männern geprägten Strukturen ändern. Im Raum der Kirche scheint es mir entscheidend, daß Frauen von der Bibel her neu aufbrechen. Früher wurde uns gesagt, wir hätten, vor allem nach den Weisungen des hl. Paulus, in der Kirche zu schweigen und den Männern untertan zu sein. Jetzt beginnt eine nicht mehr patriarchalische Schriftexegese zu entdecken, daß vom Sinn und Geist der Schrift her und im Hinblick auf das Verhalten des Jesus von Nazaret alle Menschen zur Freiheit und Gleichheit der Chancen und Rechte berufen sind, daß in Christus alle Diskriminierungen der Rassen, der Geschlechter, der Herkunft und des Standes aufgehoben sind.

Dies wird etwa deutlich an den veränderten Schwerpunkten in der Beziehung zu Maria, der Mutter Jesu. Ich bin noch aufgewachsen unter dem starken Eindruck der Deutung der Gertrud von le Fort, die im Fiat der Maria das Modell der hingebenden, demütigen, dienenden Grundhaltung der Frau sieht. Dabei gesteht sie zu, daß das „Ja, Herr, ich bin bereit" auch die religiöse Grundhaltung des Mannes zu sein habe. Inzwischen ist mir aufgegangen, daß die Bedeutung des Fiat zu ergänzen ist durch das Befreiungslied des Magnifikat, das Maria in den Mund gelegt wird. Sie preist darin die Erhebung der Kleinen und Schwachen und Erniedrigten durch Gottes Umwertung der menschlichen Ordnungen. Diese Sicht der Befreiung ist freilich kein Aufruf zum Ausbrechen aus der Unterdrückung nur aus eigener Kraft, sondern vertraut auf die Befreiung und Erhebung in der Kraft Gottes, aber doch, wie wir glauben, nicht erst in einer anderen Welt und nicht ohne das eigene aktive Mitwirken. Diese Entdeckung der Maria in der Begegnung mit Elisabeth, daß Gott auf ihrer, auf unserer Seite, auf der Seite der vergessenen und geringgeschätzten Frauen ist und uns ruft, ist geprägt von großer Freude und Dankbarkeit – und von Hoffnung. Wenn wir das nun für unsere Zeit konkretisieren, so darf es freilich nicht in erster Linie um das Emporkommen und Erlangen von mehr Macht gehen. Es muß vor allem darum gehen, die bedrückende Situation der entrechteten Schwestern verändern zu helfen, besonders da, wo sie auch noch arm und wegen ihrer Rasse verachtet sind. Es wird dann bedeuten, von der Freiheit und dem Anteil an Macht anderen Gebrauch zu machen als die Männer, die vom Thron ihrer Überlegenheit gestürzt werden sollen. –

Doch was wird mit diesen? Wie sehr es richtig und wichtig ist, daß wir Frauen erst einmal im Gespräch untereinander zu uns selber finden müssen, so dürfen wir doch auch das Gespräch mit den Männern nicht scheuen, ja wir müssen es sogar von uns aus entwickeln. Es besteht die Gefahr, daß die Männer abschalten und sich verhärten, wo sie Kampfgeist spüren und Machtstreben wittern. Zum Aufarbeiten der unterschwelligen Ängste gehört aber, daß wir ihnen helfen: sie müssen sich der Erkenntnis öffnen, daß es bei der Emanzipation der Frauen nicht zuletzt um eine menschlichere Kirche und Gesellschaft geht, in der auch sie gewinnen werden. Diese Befreiung, diese Emanzipation kann nur gelingen, wenn auch die Männer sich emanzipieren – und zwar von ihrem überkommenen Herrschaftsanspruch.

Für eine menschlichere Kirche

Annäherung an die Frauenfrage

Die Schriftstellerin Doris Lessing äußerte einmal in einer Rundfunksendung, die steigende Kriegsbedrohung und die Umweltkatastrophen unserer Tage forderten unser volles konzentriertes Engagement, hinter dem müsse die Frauenbewegung zurücktreten. Das hat mich einen Augenblick betroffen gemacht – habe ich doch immer ein schlechtes Gewissen, weil ich zu wenig für die Friedensbewegung tue. Die erfolgreiche Schriftstellerin, die aufgrund ihres Werkes „Das goldene Notizbuch" bei manchen als Feministin gilt, meinte sogar, die Frauenbewegung sei gleichsam ein Luxus geworden; den könne sich ohnehin nur der reiche Westen erlauben, und er werde angesichts eines ökonomischen Drucks nicht anhalten.

Als ich in Ruhe über diese provozierende Behauptung nachdachte, machte ich mir klar, daß die Emanzipation der Frauen immer notwendiger wird gerade in einer Welt der Kriege, des Hungers und der Umweltzerstörung. Diese Welt voller Gewalt und Aggressionen, in der bisher überwiegend die Männer das Sagen hatten, braucht dringend den Einfluß und das Engagement der Frauen – im Kampf um den Frieden, um die Rettung der gefährdeten Umwelt, aber auch in den Auseinandersetzungen mit den Nöten und Fragen der Dritten Welt. Die Frauenbewegung ist ja ein Teil der großen Befreiungsbewegungen unserer Tage. Gerade auch in Lateinamerika wird sie immer mehr zu einer Frage des Überlebens für die so vielfach belasteten Frauen. Immer wieder berichten Freunde, die dort waren, welche Rolle in den Befreiungsbewegungen die tapferen, früher unterdrückten und stummen, jetzt aber wach und aktiv gewordenen Frauen spielen. Ich erinnere an die Mütter von der Plaza de Mayo in Argentinien, die öffentlich Rechenschaft für ihre verschwundenen Angehörigen forderten. „Sie haben sich zusammengeschlossen, sie sind immer mehr geworden." Ist das nicht eine wirksame Art von Friedens-Bewegung?

Bei einer internationalen ökumenischen Konferenz über die Mitarbeit der Frauen in den verschiedenen Kirchen wurde die südafrikanische Schwarze Brigalia Bam, die eine wichtige Position im Weltrat der Kirchen innehatte, gefragt, welche Diskriminierung wohl schwerer zu überwinden sei: die der Farbigen oder die der Frauen. Sie meinte: „Die der Frauen." Sie hat beides am eigenen Leib erfahren und kämpft gegen beide Diskriminierungen.

Vielleicht ist das ein Test für den Bewußtseinsstand der Männer in unseren Breiten: Von 43 zornigen alten Männern, die in dem nach einer Sendereihe von Norbert Sommer herausgegebenen Buch „Zorn aus Liebe – die zornigen alten Männer der Kirche" bekannten, was sie an der Kirche ärgerte, betrübte oder zornig machte, haben nur drei die Minderbewertung der Frauen thematisch aufgegriffen. (Immerhin hat der Herausgeber, herausgefordert durch viele Reaktionen auf diese einseitige Unternehmung, zum Ausgleich eine Sendereihe „Frauen durchbrechen das Schweigen" veranstaltet.)

Ich selber habe zwar schon früh erkannt, wie notwendig gerade in der katholischen Kirche Bewußtseinsbildung für

Frauen und mit Frauen ist. Ich habe dabei gelernt, wie mühsam der Prozeß zu wirklicher innerer Selbständigkeit und Unabhängigkeit ist – auch bei uns selber, die wir meinen, emanzipiert zu sein. Aber lange Zeit haben andere Ärgernisse, vor allem pastoraler Art – wie die Nichtzulassung wiederverheirateter Geschiedener zum Tisch des Herrn oder die Verweigerung der ökumenischen Gastfreundschaft –, mich mehr aufgeregt und belastet als die „Frauenfrage". Überzogene oder wirklichkeitsferne Forderungen einzelner extremer Feministinnen mögen dabei mitgespielt haben. Andererseits ist mir erst durch die Arbeiten überzeugender feministischer Theologinnen wie Catharina Halkes aufgegangen, daß das Problem tiefer liegt und weiter geht, als man oft meint, wenn man sich beschwert, daß Frauen in der Kirche übergangen oder auch unterdrückt werden: Fast das gesamte konkrete Leben der Kirche, nicht zuletzt die Liturgie, der Gottesdienst, aus dem doch die Christen, vor allem auch viele Frauen Kraft und Stärkung schöpfen (möchten), ist bisher von Männern geprägt und geformt worden. Dasselbe gilt für die Theologie, von der Dorothee Sölle sagt, daß sie „in einem langen Prozeß die weiblichen Anteile der Seele stark verleugnet" habe und eine „verkopfte Theologie" sei.

Wo es den feministischen Theologinnen wirklich um eine grundlegende Verwandlung der Kirche geht, da handelt es sich um einen ganz neuen Ansatz, dessen Bedeutung nicht leicht zu überschätzen ist. Wohl wurde in der Kirchengeschichte immer wieder einmal mehr Mitspracherecht von und für Frauen gefordert, nicht zuletzt von großen heiligen Frauen wie Hildegard von Bingen oder Katharina von Siena – in kirchenamtlichen Dokumenten wohl zum erstenmal im Zweiten Vatikanischen Konzil – aber einen Vorstoß in solcher Radikalität gab es bisher noch nicht in dieser Frage. Die neuen Erkenntnisse über „Frauenfrage" und „Männerkirche" sind ein weites Feld. In vieler Hinsicht stehen wir damit und vor allem mit den sich daraus ergebenden praktischen Konsequenzen ja erst am Anfang. So bleiben Übersteigerungen, Einseitigkeiten oder Mißverständnisse natürlich nicht aus.

Schon (oder erst) 1975 schrieb der Jesuit F. J. van Beeck, Professor für systematische Theologie am Boston-College, in der Schweizer Zeitschrift „Orientierung": „Das Aufkommen der Frage über die Diskriminierung der Frau in der Welt wie auch in der Kirche ist theologisch ein Beispiel geschichtlicher Offenbarung und als solches das Werk des Heiligen Geistes in der Welt und in der Kirche. Ein ähnliches Beispiel liefert die im 19. Jahrhundert erkannte Offenbarung von der Unsittlichkeit der Sklaverei." – Wie ist es möglich, daß solche Erkenntnisse, solche „geschichtlichen Offenbarungen" nicht eher aufbrachen?

Mehr Menschlichkeit durch mehr weibliche Wirksamkeit in der Kirche: Eine geistgewirkte Erkenntnis! Dabei spielt die Überwindung der Machtstrukturen und des leistungsorientierten Denkens im Evangelium eine wichtige Rolle: Nach der Schrift erfüllt der Herr „die Armen mit Gütern, stürzt er die Mächtigen vom Thron und erhebt er die Geringen". Gerade seit einer intensiveren Beschäftigung mit dem Magnifikat bewegt mich die Frage: Was geschieht, wenn die schwachen, ausgebeuteten Frauen, denen diese Verheißung gilt, nach Einfluß streben, nach vorn drängen und auf ihre Weise dann doch auch an der Macht partizipieren wollen und werden? Die bereits zitierte Doris Lessing behauptet, daß Frauen, wenn sie Macht erlangen, genauso machtbesessen und aggressiv seien wie die Männer. Sie verweist auf die englische Premierministerin Margaret Thatcher – wir könnten auch an Indira Gandhi denken. Sicher kann man sagen, daß das Ausnahmen sind. Aber wenn wir Frauen wirklich einmal einflußreich und „mächtig" in der Kirche werden sollten, wie steht es dann mit den Verheißungen im Magnifikat?

Es wird dann darauf ankommen, wie wir die ersten Schritte der „Erhebung aus der Niedrigkeit" verstehen und realisieren: Als das Hineinwachsen in die Erfüllung der biblischen Verheißung, die Macht positiv versteht; als Anteil an der Macht und Souveränität Jesu, der herrschte, indem er diente, und der diente wie einer, der Macht hat – oder aber als Mißbrauch des neuen, nicht mehr nur indirekten Einflusses von Frauen und einer mühsam errungenen Autorität in der Kirche, gleich am Anfang des Weges.

In dem Buch „Macht und Ohnmacht der Frauen in der Kirche" (herausgegeben von Carola Wolf) berichten fünfzehn Frauen über ihre Erfahrungen in diesem Problemkomplex. Einige machen sich auch Gedanken über die Gefahren der Macht, wenn Frauen danach streben, in der Kirche „nach vorn" zu gelangen. Durch den Beitrag von Bärbel von Wartenberg, Pfarrerin und Direktorin der Abteilung „Frau in Kirche und Gesellschaft" beim Ökumenischen Weltrat der Kirchen, wurde mir klar, daß ohne ständige Orientierung am Evangelium und am Verhalten Jesu der Weg in die Macht auch für Frauen gefährlich wird: „Es gibt keinen geraden, ungebrochenen Weg in die Macht, es darf ihn nicht geben!" Die Autorin erinnert daran, wie die verfolgte Kirche der ersten Jahrhunderte in der „Konstantinischen Wende" römische Staatskirche wurde: „Aber statt daß die Botschaft der Demut und Armut die Staatsmacht umwandelte, änderte sich die Kirche. Sie täuschte sich selbst mit der Hoffnung, durch den Einfluß, den sie gewann, dem Evangelium besser dienen zu können ... Es ist immer ein schmaler Grat, auf dem die sich bewegen, die Verantwortung übernehmen, ein Grat zwischen Dienst und Machtausübung. Wie können wir" (gemeint ist: wir Frauen) „uns enger binden an die Kräfte, die uns korrigierend fernhalten von der Liebe zur Macht?"

Auch wenn wir Frauen allergisch geworden sind gegen eine ausschließliche Festlegung auf die dienende Rolle, so führt doch kein Weg zu größerem Einfluß im wahren Interesse der Kirche daran vorbei, daß wir in der Nachfolge Jesu „der Liebe zur Macht die Macht der Liebe entgegensetzen". So formulierte es die Pfarrerin, die dann weiter sagt: „Vielleicht ist es die vor uns Frauen liegende Aufgabe, am Abbau der kirchlichen Hierarchien und Privilegien, die uns vom ‚Füßewaschen' fernhalten, zu arbeiten. Vielleicht könnte es unser Beitrag als Frauen, die Verantwortung und Macht übernehmen wollen, sein, an dieser ‚Gemeinschaft der Fußwäscher' zu arbeiten, unsere Phantasie, Kraft und Zeit ihr entschiedener zur Verfügung zu stellen. Wir müssen deshalb nicht in der verordneten oder selbstgewählten ‚Arbeitsteilung' zwischen Frauen und Männern verharren. Wir wollen und werden ins Licht auch der Kirchengeschichte treten – nicht aus Ambitionen, sondern wegen der Gerechtigkeit, hoffentlich. Aber wir dürfen nicht falschen Vorbildern der Macht folgen. Mit zäher Geduld müssen wir selbst glaubwürdig versuchen, anders ‚Macht' auszuüben. Wir sollten alle in der Kirche, besonders die jetzigen Machtträger, einladen, an der Gestaltung dieser Gemeinschaft der Fußwäscher mitzuarbeiten, um neue Formen des Umgangs mit der anvertrauten Macht zu finden. Nur wenn wir dies selbst sichtbar darstellen, wird uns auch die säkulare Welt ernst nehmen."

Man könnte hinzufügen: Nur dann werden verunsicherte Männer ohne Angst unsere vollgültige Mitsprache annehmen. In der Männerarbeit der evangelisch-lutherischen Landeskirche Hannover machte man sich tatsächlich bereits Sorgen, daß „der Mann tief verunsichert" sei von der Emanzipation der Frau, er finde sich nicht mehr zurecht, nachdem er als alleiniger Ernährer ausgedient habe, und er müsse seine Rolle in Umwelt und Partnerschaft neu definieren. Aufgabe kirchlicher Männerarbeit sei es, ihm bei dieser Neuorientierung zu helfen. „Frauen haben bei ihrem Aufbruch nichts zu verlieren, aber viel zu gewinnen. Der Mann sieht nur, daß er Macht abgeben muß, und er hat noch keine Vorstellung davon, was er an emotionaler Kraft hinzugewinnt." Dieser Bericht im „Deutschen Allgemeinen Sonntagsblatt" zitiert aus einem Faltblatt des für die evangelische Männerarbeit in Göttingen zuständigen Diakons; er ist der Überzeugung, daß „Männer und Frauen in gleicher Weise ihrem vollen Menschsein entfremdet" seien.

Das sollte uns nachdenklich machen. Vielleicht werden manche feministischen Theologinnen dazu sagen: es ist noch zu früh, um uns wegen der frustrierten Männer Sorgen zu machen. Wir Frauen sind mit dem Einüben unserer neu zu erwerbenden Freiheit noch nicht weit genug. Auch wenn man dafür Verständnis hat, muß man sehen, daß selbst die dialogbereiten unter den feministischen Theologinnen in der Gefahr stehen, sich in ihrer Selbstreflexion zu verfangen, elitär zu werden und die Beziehung zu den Frauen an der Basis der Gesamtkirche zu verlieren. Auch wird man zugestehen, daß Pioniere und Pionierinnen im Voranbringen der Konsequenzen aus neuen Erkenntnissen nicht allzu zimperlich sein können. Der Test für ihre Glaubwürdigkeit wird sein, ob es den wachgewordenen Frauen – auch in den Gemeinden – darum geht, daß die Kirche durch mehr Weiblichkeit menschlicher wird, sensibler für den Anruf des Gottesgeistes. Dann kann es nicht ausbleiben, daß Frauen stärker ihre männlichen Anlagen und Männer stärker ihre weiblichen Anlagen entfalten, daß beide einander das Helfende zutrauen und einander helfen, Jesu Gesinnung der Bereitschaft zum Fußwaschen zu haben, ohne die weibliche oder männliche Würde preiszugeben und ohne heimlich um Überlegenheit zu ringen.

Es gibt offenbar auch in dem Bemühen, die vermännlichte Kirche aufzubrechen, verschiedene Stufen und Phasen, verschiedene Aufträge und „Gnadengaben". Es gibt eine Fülle von Voraussetzungen und Situationen. Es gibt Männer und Frauen von sehr verschiedenem Bewußtseinsstand.

Geschieden und wieder verheiratet

Die Verweigerung der Kommunion widerspricht dem Evangelium

Die Frage „Frauen in der Männerkirche“ ist in ganz neuer Weise zur Herausforderung geworden, besonders seitdem die feministische Theologie die Macht-Strukturen der Männerkirche von Grund auf in Frage stellt. Soweit sich diese Theologie am Evangelium orientiert, versteht sie sich als Teil der Befreiungsbewegungen in aller Welt.

Wo Frauen in diesen Beiträgen ihre Stimme erheben, um mitzuhelfen, die Kirche für Männer und Frauen menschlicher zu machen, fühle ich mich mit ihnen solidarisch. Das Ärgernis der „Frauenfrage“ ist aber nicht das einzige, was uns zornig machen kann; es hängt mit anderen Kümmernissen eng zusammen – solange man für die Zukunft dieser Kirche überhaupt noch Hoffnung hat.

So meine ich: Wenn wir Frauen die Chance haben, uns vor einem größeren Forum kritisch zu Wort zu melden, sollten wir auch andere kirchliche Ärgernisse einbeziehen – vor allem solche, unter denen wir besonders zu leiden haben, oder solche, die damit zusammenhängen, daß Männer im allgemeinen mehr von Prinzipien und vom Gesetz her denken.

Besonders anfechtbar und unerträglich hart erscheint mir das Verhalten der verantwortlichen Vertreter der katholischen Amtskirche in Fragen der Ehepastoral: Da haben zölibatäre Männer das Sagen, aber Frauen sind oft die Betroffenen. Ich denke vor allem an die Probleme der „verantworteten Elternschaft“ und der Zulassung geschiedener Katholiken, die standesamtlich wieder geheiratet haben, zu den Sakramenten. Als eine Frage, bei der mir die Haltung der Amtskirche deutlich im Widerspruch zum Geist des Evangeliums zu stehen scheint, greife ich – als ein Beispiel unter vielen möglichen anderen – die Verweigerung der Kommunion an die wiederverheirateten Geschiedenen heraus; sie ist für mich seit langem ein schweres Ärgernis, besonders aber seit der erregten Debatte auf der bundesdeutschen Synode, an der ich teilgenommen habe.

Die nichtreligiösen Leserinnen und Leser werden sich schwer vorstellen können, was die Verweigerung des Abendmahls für gläubige Katholiken bedeuten kann. Sie wird als „Ausstoßung“ erlebt, aber auch als Lebensentzug: Für viele von ihnen ist die Kommunion lebenswichtig. Ich finde es denn auch bemerkenswert, daß das Verlangen nach dem eucharistischen Brot angesichts des allgemeinen Glaubensschwundes im Leben dieser Christen tatsächlich eine so große Rolle spielt. Offensichtlich sind es vor allem sensible Menschen, darunter viele Frauen, die möglicherweise von ihrem Ehepartner verlassen wurden; sie finden auch in einer gut gelingenden zweiten Ehe nicht recht zum inneren Frieden und verlangen nach Stärkung am Tisch des Herrn.

Bei unseren Bischöfen scheint es im Abwägen aller Gründe und Gegengründe für oder gegen die Zulassung zur Kommunion merkwürdig wenig ins Gewicht zu fallen, daß immer mehr dieser Abgewiesenen, Alleingelassenen, einer so hartherzigen Kirche unweigerlich den Rücken kehren – oder aber ihre Entscheidung für eine Teilnahme an der Kommunion einfach ohne offizielle Genehmigung treffen. Schwerer wiegt offenbar für die deutschen Bischöfe der Wille, die Einheit mit der Tradition der Gesamtkirche zu wahren, ganz abgesehen von der Sorge, durch eine Freigabe würden die sich häufenden Ehescheidungen noch zunehmen. Hat doch Papst Johannes Paul II. noch 1981 in dem apostolischen Schreiben Familiaris consortio unerbittlich erklärt: „Die Kirche bekräftigt ihre auf die Heilige Schrift gestützte Praxis, wiederverheiratete Geschiedene nicht zum Eucharistischen Mahl zuzulassen. Sie können nicht zugelassen werden; denn ihr Lebensstand und ihre Lebensverhältnisse stehen in objektivem Widerspruch zu jenem Bund der Liebe zwischen Christus und der Kirche, den die Eucharistie sichtbar und gegenwärtig macht. Darüber hinaus gibt es noch einen besonderen Grund pastoraler Natur: Ließe man solche Menschen zur Eucharistie zu, bewirkte dies bei den Gläubigen hinsichtlich der Lehre der Kirche über die Unauflöslichkeit der Ehe Irrtum und Verwirrung."

Dabei hofften die bundesdeutschen Katholiken sechs Jahre vorher allen Ernstes auf eine Änderung in dieser Praxis: In der dramatischen Ehedebatte der Synode mag mancher Bischof schweren Herzens an dieser Verweigerung festgehalten haben, nachdem die Barmherzigkeit der Kirche Jesu Christi in den Voten von zahlreichen Laien und Priestern höchst eindringlich beschworen worden war. Sie alle dachten bestimmt nicht daran, die grundsätzliche Unauflöslichkeit der Ehe anzutasten. Aber mehrere erinnerten daran, daß die deutsche Bischofskonferenz 1968 – noch im Geist des Konzils – bei der Interpretation der oft „Pillen-Enzyklika" genannten päpstlichen Erklärung „Humanae vitae" sich in der sogenannten „Königsteiner Erklärung" gegenüber Rom selbständig machte; darin hieß es, bei der Ablehnung aller künstlichen empfängnisverhütenden Mittel sei doch die letzte Entscheidung, unter Wahrung bestimmter Voraussetzungen, in die Gewissensverantwortung der Eheleute gegeben. So hielten wir Synodalen damals eine differenzierte Stellungnahme der deutschen Bischöfe auch in der Geschiedenenpastoral für möglich.

Wir Frauen haben deshalb in dieser Frage große Hoffnung auf die Synode gesetzt. Denn hier war ein öffentliches Forum des Gespräches zwischen Amtsträgern und Laien, in dem auch Frauen das von ihnen gerade zu diesem Thema lange geübte Schweigen durchbrechen konnten. Ein solches kirchliches Streitgespräch war noch nie dagewesen und war auf Nationalebene etwas Einmaliges. Vor der Fahrt zu der Sitzung, in der die Geschiedenenpastoral anstand, haben mich zweimal Frauen angesprochen – davon die eine evangelisch –, ich solle mein Möglichstes tun, daß sich da etwas ändere. Bei meiner Wortmeldung dachte ich daran; ich dachte aber auch an alle notvollen Briefe und Gespräche mit betroffenen Frauen oder Angehörigen von ihnen, die selbst keine Möglichkeit hatten, ihre Stimme zu diesem Problem zu erheben.

Ich habe im Protokoll mein Votum nachgelesen und darf mich zitieren: „Wenn wir die reale Situation und die Not vieler Mitchristen im Auge behalten, dann können wir einfach nicht begreifen, warum man nicht die Chance besser und unbefangener wahrgenommen hat, hier klare Lösungen anzubahnen, die von der Praxis her längst überfällig sind, warum man hier gerade den Sorgenkindern der Kirche, die sich vielfach nach Versöhnung mit ihr sehnen, immer noch die harten Steine eines überwiegend von Prinzipien und vom Gesetz her gesteuerten Denkens reicht, statt ihnen den Zugang zu dem Brot zu eröffnen, das sie doch auch und besonders nötig brauchen. Dabei ist mir klar, daß man nicht eindeutig sagen kann, was Jesus in einer bestimmten Situation tun würde. Aber es gibt doch klare Hinweise, wie er das Verhältnis von Gesetz und Barmherzigkeit lehrte." Was mir als theologischem Laien bei dieser Äußerung zusätzlich Sicherheit gab, war die Bestätigung dieser Überzeugung durch eine Reihe von Theologen, teilweise freilich nur im persönlichen Gespräch. Aber ein so angesehener Mann wie der Jesuitenpater Hirschmann, die „Graue Eminenz" des Zentralkomitees der Deutschen Katholiken, äußerte in der Debatte, er glaube, das Hauptproblem sei, ob diese Menschen in ihrer Lebenssituation so sicher gegen den Anspruch Christi verstoßen.

Die Vertreter des Lehramtes begründen ihre Haltung vor allem mit Jesu Wort: „Was Gott verbunden hat, das soll der Mensch nicht trennen." Aber sind wir denn bei hoffnungslos zerbrochenen und gestorbenen Ehen so sicher, daß Gott sie verbunden hat? Wer wie die beteiligten Seelsorger überzeugt ist, daß sich der Wille Gottes nicht nur am Gesetz ablesen läßt, der wird sich fragen müssen: Woher will die Kirche mit solcher Sicherheit wissen, daß Gott sich in jedem Fall mit der Formalität einer Eheschließung identifiziert hat? Er weiß doch, daß die Voraussetzungen für die Dauerhaftigkeit einer Ehe oft überhaupt nicht gegeben waren, etwa wegen mangelnder Reife der Partner oder wegen der Konstellation ihrer Charaktere. Offenbar würdigt das Kirchenrecht zu wenig, daß die gelebte Ehe mehr ist als ein in der Trauung fixiertes Rechtsverhältnis: Sie ist auch ein Zusammenwachsen zweier Biographien, eine breite und tiefe biologische und soziale Realität. Immerhin kennt die Kirche Grenzfälle, für die sie nachträglich feststellt, daß eine Ehe von ihrem Ursprung aus nur formal, aber nicht in Wirklichkeit zustande kam, etwa wegen Irrtums in der Person. Dann hält sie eine neue Heirat für möglich. Aber das bleiben Ausnahmen, und der Prozeß zur Nichtigkeitserklärung für eine Ehe setzt viel Energie und Durchsetzungskraft voraus; wer zermürbt oder verzweifelt ist, kann ihn sich nicht leisten, wer vorher nichts weiß über ein solches Verfahren, das teilweise ans Inquisitorische grenzt, hat es besonders schwer. Junge Christen sagten mir, daß sie das Verhalten der Kirche in dieser Frage skandalös finden; für manche ist es ein Grund, sich von ihr abzuwenden.

Zurück zur Synode. Nachdem klargeworden war, daß an eine volle Freigabe der Zulassung nicht zu denken war, ging es im weiteren Verlauf der Debatte um nicht weniger, aber auch um nicht mehr als um ein „Schlupfloch der Barmherzigkeit" für die Gewissensentscheidung der Seelsorger; ein höherer kirchlicher Amtsträger hatte es unter dem tosenden Beifall der Synodenaula leidenschaftlich von den Bischöfen gefordert. Er meinte damit, daß man den Priestern einen Spielraum für die Beratung im Einzelfall gewähren möge, der sie entlasten würde, wenn sie den Kommunionempfang zulassen. Aber die Bischöfe konnten sich nicht entschließen, dem entscheidenden Satz im Synodentext zuzustimmen, der hieß: „Hier glauben viele Seelsorger aus pastoraler Verantwortung, im Einzelfall dem Sakramentenempfang nicht widerraten zu können." Das hätte in realistischer Einschätzung des damals Möglichen den meisten Seelsorgern schon sehr geholfen. Statt dessen einigte man sich auf einen Kompromißvorschlag, der die Bischofskonferenz bittet, „die notwendige Klärung weiterzutreiben, um baldmöglichst ein Votum in dieser Frage an den Papst weiterzuleiten". Aber tatsächlich hat die Deutsche Bischofskonferenz diesen Auftrag nur sehr unbefriedigend und auf verzögernden Umwegen erfüllt. In der Neufassung des Kirchenrechtes von 1983 hat sich in unserer Frage nichts geändert. Die Entwicklung geht immer mehr dahin, daß die Praxis sich selbständig macht, bei den Betroffenen wie bei den mitbeteiligten Seelsorgern; sie werden gemeinsam nach dem Willen Gottes in ihren konkreten Situationen fragen.

Haben wir aber inzwischen nicht gelernt, daß es bei einem Leben nach dem Evangelium gilt, nicht nach dessen Buchstaben, sondern nach seinem Geist und nach seiner Zielrichtung zu fragen? So frage ich: Was hat Jesus gemeint, als er den Pharisäern klarmachte, warum er den Jüngern trotz des strengen Sabbatgebotes nicht verbot, am Sabbat Ähren aufzulesen, wenn sie Hunger hatten, und dann feststellte, daß der Mensch nicht um des Sabbats willen, sondern der Sabbat um des Menschen willen da ist? Wenn Jesus dann selber am Sabbat einen Kranken heilte, hat er uns dann nicht klar gezeigt, daß Barmherzigkeit wichtiger sein kann als das Gesetz?

Dorothee Sölle sagte einmal, weibliche Theologie frage nach den Erfahrungen, im Gegensatz zur männlichen, institutionalisierten Theologie, die in einem langen Prozeß die weiblichen Anteile der Seele stark verleugnet habe. So will ich nach so vielen Reflexionen zum Schluß die Konflikt-Erfahrung berichten, die ein Krankenhausseelsorger im Verlauf der Synodendebatte vortrug: Ein Schwerkranker, der vor einer lebensgefährlichen Operation stand, sagte ihm, es sei schlimm für ihn, daß er die Kommunion nicht empfangen dürfe, weil er nach dem Zerbrechen einer zu schnell geschlossenen Kriegsehe vor achtundzwanzig Jahren wieder geheiratet habe. Der Pfarrer konnte dem Mann ganz legal die Kommunion und zuvor auch die Lossprechung geben, weil er in Lebensgefahr war. Nun war die Operation gut verlaufen, und der Pfarrer hatte schon Angst, daß der Mann ihn in der neuen Situation um die Kommunion bitten würde. Der Priester fragte die Synodalen: Was würden Sie in diesem Augenblick tun, Auge in Auge mit diesem Mann? Wir wußten, was er tun würde, und es mag wenige in der Synodenaula gegeben haben, die in dieser Situation nicht der Barmherzigkeit den Vorrang gegeben hätten.

HANS WERNERS

Die Synodalin

Die 7. Vollversammlung der Würzburger Synode im Sommer 1975 hatte eine besondere Dynamik. Sie entstand u. a. bei der Entscheidung über die Vorlage „Christlich gelebte Ehe und Familie". Bei der Eröffnung der Generaldebatte ergriff als erste Marianne Dirks das Wort. Sie sprach sich anerkennend über die Vorlage aus: ihre theologische Qualität, ihre pastorale Offenheit und die menschliche Weise der Vermittlung. An einem Punkt aber erhob sie einen großen Einwand: Er richtete sich nicht gegen die Sachkommission, sondern gegen das Veto der Bischofskonferenz. In dieser Vorlage war nämlich ursprünglich vorgesehen, eine pastorale Lösung für den Umgang mit den Geschiedenen und Wiederverheirateten in unseren Gemeinden vorzuschlagen. Das wollten die Bischöfe nicht zulassen, da dadurch das allgemeine kirchliche Recht angetastet werde.

Frau Dirks machte überzeugend deutlich, wie die Betroffenen und auch die Seelsorger nach einer dem Evangelium angemessenen und humanen Lösung verlangten. Es ergab sich eine heftige Diskussion, die sich bis tief in die Nacht hinzog. Die Vorlage wurde mit denkbar knappem Ergebnis angenommen, aber es waren zwei ganz besondere Dinge erreicht: Der Satz, den die Bischöfe in die Vorlage einfügen wollten: „Den Seelsorgern ist es nicht erlaubt, von der gegenwärtigen Norm in der Pastoral abzuweichen", wurde nicht angenommen. Und Kardinal Döpfner bat die Synodalen, Vertrauen in das Mühen der Bischofskonferenz zu setzen, sie habe doch auch mit ihrer Königsteiner Erklärung in der Frage der Empfängnisregelung, die von der Enzyklika HUMANAE VITAE so restriktiv behandelt wurde, einen befreienden Ausweg gezeigt.

Das Wort des Kardinals, des Präsidenten der Synode, wurde nicht erfüllt. In dem nach einigen Jahren erschienenen Apostolischen Schreiben FAMILIARIS CONSORTIO wurde der bisherige Umgang mit den Betroffenen, z. B. ihr Ausschluß von der Kommunion, eindeutig festgeschrieben.

Die Deutsche Synode war gedacht als Konsequenz des Vatikanischen Konzils, das ja mit Nachdruck die Kirche als das ‚wandernde Gottesvolk' bezeichnete. Damit verband sich die Überzeugung, die ganz dem Neuen Testament entspricht, daß vor aller Einteilung in Hierarchie und Laienchristen das Gemeinsame aller Gläubigen betont wird: Denn alle haben den Heiligen Geist empfangen, alle haben dieselbe grundlegende Würde, alle haben Anteil am Auftrag der Kirche, am SENSUS FIDELIUM, dem Glaubenssinn der Gläubigen. Dieses „Organ der Wahrheitsfindung" war in den letzten Jahrhunderten zugunsten der alleinigen Kompetenz des hierarchischen Lehramtes weit zurückgedrängt worden. Nur dort wurden die Entscheidungen gefällt und die Lehr- und Pastoraldokumente formuliert, und überdies tragen sie eine rein männliche Handschrift.

In der Synode ist etwas von diesem Anliegen des Neuen Testamentes und des Konzils verwirklicht worden. Alle Beschlüsse wurden in Kommissionen vorbereitet, und alle Synoden-Mitglieder stimmten in der Vollversammlung um die endgültige Fassung miteinander ab. Das jüngste Laien-Mitglied hatte dieselbe Stimme wie ein Kardinal. Die Bischöfe konnten allerdings vor dem Einbringen einer Vorlage ihren Einwand und ihr Veto einreichen, wenn eine Vorlage nach ihrer Auffassung der Glaubenstradition oder dem Kirchenrecht nicht entsprach. Das hat die Konferenz, außer in dem eben genannten Fall, soviel ich weiß, nur noch zweimal getan.

Marianne Dirks gehörte der Kommission I an: „Glaubenssituation und Verkündigung". In dieser Kommission wirkten u. a. Theologen wie Rahner, Kamphaus, Lehmann und Metz mit. Marianne Dirks hat engagiert und sachkundig an der Erstellung der Dokumente mitgearbeitet. Mit Liebenswürdigkeit und Beharrlichkeit hat sie manche theologisch einseitigen Positionen modifiziert oder ihnen einen anderen Stellenwert errungen. Ich denke manchmal mit Wehmut daran, wie das Leben in dieser Kommission, in der relativ viele Frauen wirksam tätig waren, sich abspielte: wie wir miteinander diskutierten, Fragen erörterten, auch miteinander stritten und beteten. Die Arbeit in den Kommissionen und in der Vollversammlung wurden für viele ein echtes Zeichen der Hoffnung auf eine synodale Kirche des Volkes.

Aber diese Hoffnung ist nicht erfüllt worden. Schon beim Katholikentag in Freiburg, 1978, wurde von dem Vertreter der Bischofskonferenz den Synodalen mitgeteilt, daß von den 17 oder 18 Voten, die an den Hl. Stuhl gegangen waren, nur eines akzeptiert wurde, während die anderen zurückgewiesen wurden, u. a. das Votum bezüglich des Diakonats der Frau. Eine weitere Enttäuschung erlebte die Kommission I mit ihrer Vorlage „Verkündigung der Laien in der Kirche", die sie neben anderen Dokumenten wie „Katechetisches Wirken der Kirche", „Religionsunterricht" und das Glaubensbekenntnis „Unsere Hoffnung“ entworfen hatte. Der Beschluß besagte, daß Laien, Männer und Frauen, unter bestimmten Bedingungen im Gottesdienst die Predigt halten sollten. Das hat sich auch vielfältig bereichernd ausgewirkt. Doch durch einen römischen Erlaß wurde diese Genehmigung zurückgezogen. Die Deutsche Bischofskonferenz hat das akzeptiert und als Abmilderung vorgeschlagen: Laien können vor der Eucharistiefeier, in der sogenannten Statio, predigen. (Nach altchristlichem Brauch versammelte sich die Gemeinde vor dem Gottesdienst bei einer „statio“ und zog dann gemeinsam in die Kirche ein.) Es ist im Hinblick auf die Synode ein Hoffnungszeichen, daß viele Seelsorger und Gemeinden sich nicht an dieses unsinnige Verbot halten, sondern sich immer noch an dem Synodenbeschluß orientieren.

Nach dem neuen Kirchenrecht ist eine Synode der Art der Würzburger nicht mehr möglich, da der Bischof als einziger Gesetzgeber gilt. Eine Synode ist nur ein beratendes Gremium, und der Bischof kann von der Synodenarbeit übernehmen, was ihm recht ist, und alles andere fallenlassen.

Dennoch sollen diese nüchternen Feststellungen uns auf keinen Fall zu einer Haltung der Resignation führen. Die Synode hat eine Hoffnung eröffnet, die wachgehalten werden muß. Ein kleines Zeichen dafür ist auch, daß der „Kontaktkreis Synode“, wenigstens mit einem Teil seiner Mitglieder, immer noch zusammenkommt. Wir tun das nicht aus nostalgischer Haltung, sondern mit dem Bewußtsein, aus der Erinnerung Kraft für Gegenwart und Zukunft zu schöpfen. Marianne Dirks hat regelmäßig an diesen Zusammenkünften teilgenommen. Wie in vielen Publikationen und Vorträgen hat sie auch dort deutlich gemacht, daß sie eine Botin der Hoffnung ist. Ich glaube, sie ist es auch für viele andere Menschen in ihrem Leben gewesen.

Hoffnung, die in uns ist

Gedanken zu einem Synodentext

Die Frage nach dem Sinn des Lebens wird in den letzten Jahren immer häufiger gestellt, gerade auch von jungen Menschen. Angesichts der Ratlosigkeit auch vieler Christen vor dieser Frage stellt sich uns dann sehr schnell als nächste die nach dem Sinn unseres christlichen Glaubens. Über den Glauben wird immer wieder diskutiert, vor allem über die Glaubensschwierigkeiten des heutigen Menschen. Unser Glaube, ganz besonders der der jungen Generation, ist angefochten, weil sie die überlieferten Glaubenswahrheiten nicht mehr so fraglos hinnehmen kann, wie wir Älteren es als Kinder noch konnten. Da der Glaube aber schließlich die Grundlage unserer christlichen Existenz ist, müssen wir versuchen, neue Zugänge zu finden. Vielleicht sind sie über die Hoffnung oder über die Liebe möglich.

Der Stellenwert der Liebe, vor allem der helfenden Nächstenliebe, wird – als lange Zeit in der Kirche vernachlässigt – mit Recht heute betont als das Kriterium für christliches Verhalten, wie das Evangelium es fordert. Paulus beschreibt die Liebe als die größte der christlichen Tugenden im 1. Korinther-Brief: *Wenn ich in den Sprachen der Menschen und Engel redete, hätte aber die Liebe nicht, wäre ich dröhnendes Erz oder eine lärmende Pauke. Und wenn ich prophetisch reden könnte und alle Erkenntnis hätte; wenn ich alle Glaubenskraft besäße und Berge damit versetzen könnte, hätte aber die Liebe nicht, wäre ich nichts. Und wenn ich meine ganze Habe verschenkte, und wenn ich meinen Leib dem Feuer übergäbe, hätte aber die Liebe nicht, nützte es mir nichts (1 Kor 13).* Er nennt auch die Kennzeichen für diese christliche Liebe: *Die Liebe ist langmütig, die Liebe ist gütig. Sie ereifert sich nicht, sie prahlt nicht, sie bläht sich nicht auf. Sie handelt nicht ungehörig, sucht nicht ihren Vorteil, läßt sich nicht zum Zorn reizen, trägt das Böse nicht nach. Sie freut sich nicht über das Unrecht, sondern freut sich an der Wahrheit. Sie erträgt alles, hofft alles, hält allem stand. Die Liebe hört niemals auf (1 Kor 13, 4 – 8).*

Die Hoffnung – wie der Glaube ganz unserer irdischen Existenz zugeordnet – führt ein eigenartiges Schattendasein im religiösen Leben vieler Christen: niemand spricht von Hoffnungsschwierigkeiten, obwohl das heute immer mehr aktuell wird. Je erschreckender und unüberhörbarer wir Tag für Tag erfahren, wie sehr unsere Welt im argen liegt, wie unheimlich Katastrophen und Kriege sich häufen und die Bedrohung des Verhungerns für die Menschheit anwächst, aber auch je mehr die Situation der Kirche im Hinblick auf die Zukunft bedroht ist, desto mehr Bedeutung gewinnt die christliche Hoffnung, jedoch vorerst mehr in der Theorie als in der Praxis.

Wenn wir fragten, was die Hoffnung für unser persönliches, religiöses Leben bedeutet und wie wir sie einordnen, so würde sich wahrscheinlich herausstellen, daß sie da ein Stiefkind ist, daß sie erst Bedeutung erhält, wenn es uns schlecht geht und wir am Ende sind mit der eigenen Weisheit oder wenn wir mit dem Tod eines nahen Menschen konfrontiert werden. Dann sagen wir: Nur noch die Hoffnung erhält mich aufrecht.

Von der Theologie wurde die Hoffnung in den letzten 25 Jahren neu entdeckt, mit einem neuen, in unserer Lage bedeutsamen, ja lebensnotwendigen Akzent. Auch die Konzeption des Synodendokumentes „Unsere Hoffnung – Ein Bekenntnis zum Glauben in dieser Zeit" (Verschränkung von Glauben und Hoffnung!) wäre ohne den Hintergrund dieser Theologie der Hoffnung nicht denkbar. Ihr wohl bedeutsamster Vertreter ist der evangelische Theologe Jürgen Moltmann mit seinem Werk „Theologie der Hoffnung", erschienen 1964, die katholischen Theologen Karl Rahner und vor allem Johann Baptist Metz (der den Synodentext im wesentlichen konzipiert hat), unter seinem Einfluß folgten die evangelischen Theologen, wie Pannenberg und Marsch.

Das „Prinzip Hoffnung" bei Ernst Bloch

Wie sehr aber diese Entdeckung gleichsam in der Luft lag, und zwar über den christlich-kirchlichen Raum hinaus und noch vor den theologischen Veröffentlichungen, zeigt die epochale Arbeit des jüdischen Philosophen Ernst Bloch „Prinzip Hoffnung", in Deutschland erschienen 1959 im Suhrkamp Verlag, geschrieben in den Jahren 1938–47 im Exil in den USA, von einem englischen Verlag abgelehnt, überarbeitet 1953 und 1959. J. Moltmann sagt im Vorwort zu seiner 1964 erschienenen „Theologie der Hoffnung", daß er dem BLochschen Werk viel verdankt. In der Tischrede zum 90. Geburtstag Blochs zitierte Moltmann den Initiator unseres Synodentextes, Baptist Metz, der treffend gesagt habe: „Ernst Bloch, von dem ich, der junge Theologe, nie fortging ohne Dankbarkeit und größere Nachdenklichkeit". Von sich selbst und anderen Theologen bekennt Moltmann, daß sie in das Haus Blochs kamen und seine Bücher der Hoffnung wie Sekt tranken, daß sie auf neue Ideen kamen und andere Fragen gewannen: „Wir alle haben aus Ihren Schriften die Morgenluft der Freiheit gewittert, den Mut zum Widerstand gegen die Schatten der Nacht gelernt und den kategorischen Imperativ zum humanen Sozialismus gehört." Das hindert nicht, daß Moltmann in einer späteren Auflage seiner Hoffnungs-Theologie auf Wunsch vieler Leser eine Auseinandersetzung mit Bloch anfügt, aus der sehr verschiedene Ansätze, ja Gegensätze, aber auch erstaunliche Beziehungen und gegenseitige Ergänzungen deutlich werden. Umgekehrt sagt Ernst Bloch: „Das eschatologische Gewissen kam durch die Bibel in die Welt." Er verarbeitet in seinen Werken, nicht nur im „Prinzip Hoffnung", eine Menge jüdisches und christliches Gedankengut, sehr souverän, aber auch so eigenwillig, daß Moltmann einmal meint, es seien von christlicher Sicht aus einige handfeste Ansätze zu Häresien enthalten.

Auf jeden Fall kann man in einem Gespräch über die Hoffnung, die in uns ist, nicht an Ernst Bloch vorbeigehen. Das Vorwort zum „Prinzip Hoffnung" beginnt mit den Sätzen: „Wer sind wir? Wo kommen wir her? Wohin gehen wir? Was erwarten wir? Was erwartet uns?

Viele fühlen sich nur als verwirrt. Der Boden wankt, sie wissen nicht, warum und von was. Dieser Zustand ist Angst, wird er bestimmter, so ist er Furcht ... Einmal zog einer weit hinaus, das Fürchten zu lernen. Das gelang in der eben vergangenen Zeit (er meint den Nationalsozialismus) leichter und näher. Doch nun wird ... ein uns gemäßeres Gefühl fällig.

Es kommt darauf an, das Hoffen zu lernen ... Hoffen, über dem Fürchten gelegen, ist weder passiv wie dieses, noch gar in ein Nichts gesperrt. Der Affekt des Hoffens geht aus sich heraus, macht die Menschen weit, statt sie zu verengen ... "

Nach Blochs Vorstellung richtet sich die menschliche Hoffnung auf die im einzelnen Menschen wie auch in der

Gesellschaft angelegten, aber noch nicht entfalteten Möglichkeiten, die durch unsere produktiven und schöpferischen Ideen, durch unsere Planung und zielbewußte Arbeit zur Verwirklichung kommen können – und sollen. Für Bloch ist entscheidend, daß sich das Menschsein nicht auf den Bereich der privaten, persönlichen Existenz beschränkt, sondern daß die Welt, so wie sie dem Menschen begegnet, voller Chancen der Verwirklichung menschlicher Spontaneität, kreativer Ideen und Möglichkeiten ist. Im „Dunkel des gelebten Augenblicks" (ein Blochscher Terminus) sind diese Möglichkeiten nur noch nicht zu sich selbst erwacht und befreit, das eben zielt die Hoffnung an. Ich werde in meinen Überlegungen immer wieder auf das vorchristliche „Prinzip Hoffnung" und auf seine Beziehung zum christlichen Hoffnungsdenken zurückkommen. Vor diesem Hintergrund nun die Frage nach dem Besonderen der christlichen Hoffnung, mit dem sich das Synodendokument beschäftigt. Ich war an seiner Erarbeitung in der Synodenkommission I, „Glaubenssituation und Verkündigung", mitbeteiligt, muß aber gestehen, daß mir manche Gedanken jetzt bei den Vorarbeiten zu diesem Aufsatz neu aufgegangen sind.

Den Menschen Rechenschaft geben ...

Am Anfang des Hoffnungdokumentes steht die Aufforderung aus dem 1. Petrusbrief (3, 15), wir sollten versuchen, uns und den Menschen, mit denen wir leben, Rechenschaft zu geben über „die Hoffnung, die in uns ist". Das sehe ich als Kernfrage an: Wie können wir der Welt von heute in der scheinbar hoffnungslosen und oft ausweglosen Situation, in der sie sich befindet, Zeugnis geben von einer Hoffnung, die gerade in dieser Situation sich bewähren soll?

Wenn wir sie weitergeben sollen an unsere vielfach hoffnungslosen oder hoffnungsarmen oder gar verzweifelten nicht- oder nicht mehr oder noch nicht christlichen Brüder und Schwestern in der heutigen Welt, dann müssen wir fragen: Wie kann spezifisch christliche Hoffnung in die heutige Weltsituation treffen, wo sind ihre Ansatzpunkte, und wie ist dieses Zeugnis heute vorstellbar? Diese Frage möchte ich später anhand einiger Schwerpunkte des Synodentextes zu beantworten versuchen: das Bemerkenswerte an diesem ist ja, daß er auf unsere heutige Welt und Gesellschaft bezogen ist; von manchen andersgerichteten Theologen wird ihm deshalb Einseitigkeit vorgeworfen. Zuvor aber ist zu überlegen: Was hat es mit der christlichen Hoffnung auf sich, wie können wir sie heute näher bezeichnen? Denn nicht zu allen Zeiten haben die Gläubigen und haben die Theologen die gleiche Vorstellung von ihr gehabt, die gleichen Schwerpunkte gesetzt.

So wie das Volk Israel im Alten Testament ganz in der adventlichen Hoffnung auf den verheißenen Messias lebte, war die christliche Hoffnung durch Jahrhunderte hindurch vorwiegend auf das Jenseits, auf eine bessere, die kommende Welt ausgerichtet. Vokabeln wie die vom irdischen Tal der Tränen, vom Jammertal, von der zu verachtenden und nur vorläufigen Welt erinnern noch daran. Mißverständnisse von Äußerungen in der Schrift, die sich auf die damalige Nah-Erwartung der Wiederkunft des Herrn bezogen, vor allem bei Paulus, scheinen dem Bestätigung und Nahrung zu geben. In den Paulus-Briefen herrscht der Gedanke vor, wenn der Herr so bald wiederkommt, dann lohnt es sich nicht, viel in der Welt zu investieren oder zu heiraten oder sein Herz an die Güter dieser Welt zu hängen. In der Apokalypse des Johannes begegnet uns dagegen die

Vorstellung von einer Katastrophe, die mit einem Schlag alles hinwegfegen und den neuen Himmel und die neue Erde heraufkommen lassen wird. Die frühchristlichen Gemeinden lebten einerseits noch ganz aus der Nähe Jesu von Nazaret, in dem die alttestamentlichen Verheißungen sich ja zum großen Teil erfüllt hatten, anderseits in der von Jesus selbst beschworenen Naherwartung des Jüngsten Tages. Als diese Parusie in dem erwarteten Zeitraum ausblieb, mußte das verkraftet werden, und das mag dem christlichen Lebensgefühl eine neue Wendung, eine große Ernüchterung und wohl auch stärkere Zuwendung zu den Aufgaben in der konkreten Welt gegeben haben. Aber die frühen Christen lebten doch mehr oder weniger in der Situation einer „kleinen Herde" inmitten einer heidnischen Umwelt. Als dann im 4. Jh. n. Chr. mit der „Konstantinischen Wende", als Kaiser Konstantin die christliche Lehre zur „Staatsreligion" machte, die Kirche hoffähig wurde und sich mit den weltlichen Mächten verbündete – oder als Partnerin mit ihnen stritt auf der gleichen Ebene –, da schlug das Pendel immer mehr nach der anderen Seite aus: im „Heiligen Reich" meinte man später dann schon etwas von dem zu erhoffenden Gottesreich zu verwirklichen, in den Strukturen der Macht und der Weltgestaltung. Im Verlauf der Kirchengeschichte gab es jedoch immer wieder Zeiten, wo man glaubte, unmittelbar vor dem Ende der Welt zu stehen.

Noch in meinem Religionsunterricht spielte die Jenseitshoffnung eine wichtige Rolle, und wer sich etwa stark in der Politik engagierte, war immer ein bißchen suspekt, denn – so meinte man – Politik verdirbt den Charakter und gefährdet das Seelenheil. Erst die neuere Theologie und Exegese haben herausgearbeitet, daß die Hoffnung auf die kommende Welt nur ein Pol des Spannungsbogens ist, der die christliche Hoffnung trägt, daß diese es nicht nur mit dem neuen Himmel und der kommenden Welt zu tun hat.

Gottes Reich in dieser Welt

Seitdem Jesus Christus Mensch wurde, litt und starb, aber nicht im Tod blieb, ist das Reich Gottes in dieser Welt schon angebrochen. Es verwirklicht sich immer da, wo Jesu Forderung sich durchsetzt, für die anderen dazusein und der Liebe, der Gerechtigkeit und dem Frieden zum Sieg über Gewalt, Macht- und Gewinnstreben zu verhelfen, wo Gottes Pläne sich durchsetzen, die er nicht ohne uns verwirklichen kann, wo seine Freude aufbricht. So verstanden, zielt auch für die Christen die Hoffnung auf eine Zukunft, die noch vor dem Tode liegt. Das führt dazu, daß die Welt und die Mitverantwortung für sie ganz anders ernst genommen und als Auftrag Gottes gesehen werden. Das hat das 2. Vatikanische Konzil für die Gesamtkirche neu entdeckt und formuliert. (Vgl. die Konstitution über „Die Kirche in der Welt von heute“ oder das Laiendekret.) Es geht dabei – oder sollte doch gehen – nicht mehr um Macht und Einfluß der Kirche in der Welt, sondern um den sachorientierten Dienst der Christen in und an der Gesellschaft. Wenn es ihnen auch nicht immer bewußt ist, so treibt sie im tiefsten der Wunsch und die Hoffnung, daß der Wille Gottes, seine Pläne mit uns, sich entfalten und so allmählich auch die harten Strukturen der profanen Welt immer mehr durchdringen und verändern: vermenschlichen.

Das können wir aber nicht – oder nur begrenzt – aus eigener Kraft, sondern auf Dauer nur aus der Kraft der Hoffnung auf das Kommen des Geistes, der Ideen und Kraft zur Realisierung – die Gaben des Rates und der Stärke – schenken kann. Wenn wir christliche Hoffnung so dynamisch verstehen, geht es nicht um ein „Entweder-Oder", um eine Trennung von weltlichem Engagement und eschatologischer Spiritualität, sondern um eine gegenseitige Durchdringung und Befruchtung beider. Wenn wir im Vaterunser beten: „Dein Reich komme", dann ist gemeint, daß dieses Reich sich zunächst in dieser Welt ausbreiten möge, und zwar auch mit unserer Hilfe. Wie, sagt die nächste Vaterunserbitte: indem Gottes Wille geschieht, und zwar nicht nur oder erst im Himmel, sondern „auch auf Erden", mit und großenteils durch uns. Daß wir nicht sagen: „nur durch uns", das eben unterscheidet uns vor allem von den nichtchristlichen Vertretern des Prinzips Hoffnung. Denn wir wissen und haben erfahren: das Kommen des Reiches Gottes kann hier immer nur in Ansätzen, bruchstückhaft, erfolgen, es muß immer neu angezielt, aber auch neu erbetet werden. Der hl. Thomas v. Aquin nennt das Vaterunser das Gebet, durch das „unsere Hoffnung am meisten zu Gott hin aufgerichtet wird". Auch die Bitte um das tägliche Brot belegt das, und in der Doppelbitte um Vergebung der Schuld wird in der zweiten Hälfte „wie auch wir vergeben ..." unser Anteil an dem Versuch, das Gottesreich hereinzuholen, sehr deutlich.

Christliche Hoffnung kann auf die Dauer nicht ohne Gebet lebendig bleiben, denn Gott ist es, der sie uns immer neu schenkt. In Josef Piepers Büchlein über die Hoffnung habe ich dazu ein schönes Wort des Theologen Radbert aus der Karolingerzeit (8.–10. Jh. n. Chr.) gefunden: „Durch die Hand der Hoffnung wird Christus gehalten. Wir halten ihn und werden gehalten. Aber es ist etwas Größeres, daß wir von Christus gehalten werden, als daß wir halten. Denn wir können ihn nur so lange halten, als wir von ihm gehalten werden." Von daher ist uns auch Erhörung unseres Bittgebetes versprochen, wenn wir ganz aus Jesus und seinem

Wort leben: „Wenn meine Worte in euch bleiben, dann könnt ihr bitten, um was ihr wollt, es wird euch gegeben werden." Wir können nämlich dann gar nichts erbitten, was nicht im Sinne und Geiste Jesu wäre, und er erwartet, daß wir vor allem um den Geist bitten, der Liebe ist und Hoffnung schenkt. Paulus sagt im Kolosserbrief (1, 27): „Christus in euch: die Hoffnung auf die Herrlichkeit", und im Hebräerbrief spricht er besonders tiefgründig von der Hoffnung, die wir besitzen wie „einen sicheren und starken Anker der Seele und die in das Innerste des verhüllten Heiligtums dringt, in das Christus als unser Vorläufer eingetreten ist (Hebr 6, 19)". In Romano Guardinis Schriften kommt immer wieder vor, daß wir „auf Hoffnung hin" gerettet seien – ein Wort aus dem Römerbrief. Der hl. Augustinus macht darauf aufmerksam, daß Paulus nicht sagt, „wir werden gerettet werden", sondern: „wir sind schon jetzt gerettet", jedoch noch nicht in der Realität, sondern in der Hoffnung. Wörtlich sagt er dann: „Noch sehen wir nicht, was wir hoffen. Aber wir sind der Leib jenes Hauptes, in dem schon vollendet ist, was wir hoffen."

Die zuletzt angeführten Schriftzeugnisse und Kirchenväterstellen, die auf das Ankommen des Gottesreiches schon vor unserem Tod hinweisen, habe ich in dem erwähnten Bändchen über die Hoffnung von Josef Pieper zusammengestellt gefunden. Seine erste Auflage erschien 1935, vor fast 60 Jahren, doch finden wir darin auch heute noch eine Fülle von Anregungen zum Thema „Hoffnung". Freilich sind sie ganz theologisch und abstrakt auf die christliche Hoffnung konzentriert, ohne nach der konkreten Anwendung auf unseren Alltag zu fragen. Von Blochs „Prinzip Hoffnung" oder der neueren Theologie der Hoffnung kann darin natürlich noch nicht die Rede sein; doch werden sie insofern vorbereitet, als der Akzent von der betonten Jenseitshoffnung, mit der meine Generation noch aufwuchs, sich bereits verlagert auf die Offenheit zur Hoffnung auf den Anfang des kommenden Reiches Gottes in dieser Weltzeit. Pieper interpretiert im wesentlichen Thomas v. Aquin, bei dem wir diese Sicht also durchaus schon finden. Daß unser eigenes Engagement dabei noch zurücktritt zugunsten des Gedanken: „Christus ist unsere Hoffnung", kann uns heute auch hilfreich sein, da vielleicht bei manchen das Pendel stark nach der anderen Seite, der menschlichen Aktivität, ausschlägt.

Der Synodentext „Unsere Hoffnung"

Bei dem Synodendokument „Unsere Hoffnung" ist die Spannung zwischen menschlicher Planung und Actio einerseits und der Offenheit für die Hoffnungskraft, die aus Jesu Kreuz und Auferstehung und der Geistsendung erwächst, lebendig da. Nicht umsonst hat dies „Hoffnungspapier" trotz der recht anspruchsvollen Sprache und einiger ungewohnter Gedankenführungen – neben scharfen Angriffen einiger Theologen – ein so gutes Echo.

Ich möchte aus der Gedankenfülle des sehr umfangreichen und in viele Kapitel untergegliederten Textes einige Schwerpunkte aufzeigen und ergänzen. Der erste Teil mit der Überschrift „Zeugnis der Hoffnung in unserer Gesellschaft" führt in den Grundgedanken ein; er zeigt zunächst, wie christliche Hoffnung in einer Zeit der Kriege, Katastrophen, des täglichen Massensterbens, aber auch der Flucht aus dem Leiden nur erwachsen kann, wenn wir uns selbst *leidensfähig* machen, um dann am Leiden anderer zu leiden – und darin dem Mysterium des Leidens Jesu nahekommen.

Ein zweiter Aspekt hängt damit zusammen: Unsere *Einstellung zum Tod*, der ja auch im Zeitalter unerhörter Fortschritte der Medizin und Möglichkeiten der Lebensverlängerung für jeden unabwendbar ist. Wie wir als Christen damit fertig werden, ist ein Prüfstein unserer Hoffnung. Sie erwächst uns daraus, daß für uns Jesu Sterben nicht das Letzte Wort war: wir erhoffen, daß auch für uns selber der Tod nicht das letzte Wort ist, sondern daß auch wir auferweckt werden. Der Gedanke an den Tod und das, was danach geschieht, ist wohl bei vielen Menschen tabu und wird verdrängt. Anderseits gibt es auch viele Auseinandersetzungen um ein menschenwürdiges Sterben, um das Recht auf den persönlichen Tod.

Der Synodentext spricht von „Berührungsangst vor dem Tod"; Schwerkranke werden abgeschrieben, die Angehörigen lassen sie manchmal im Krankenhaus allein sterben. Vielleicht ist hier unser christliches Zeugnis von der Hoffnung auf ein verwandeltes Leben, nach unserer Auferweckung vom Tod, heute besonders nötig: Indem wir mit Unbefangenheit von unserem Tod und dem unserer Angehörigen und Freunde sprechen und, wo es sich fügt, die Überzeugung durchblicken lassen, daß mit dem Tod nicht alles aus ist (nach Umfragen glaubt ja ein großer Prozentsatz der Menschen, auch mancher Christen, daß tatsächlich alles aus sei). Wichtig erscheint mir der hoffnungsvolle und für viele tröstliche Gedanke des Textes, daß das Wort von einer Zukunft für die Toten, das sich an der Auferweckung und Zukunft Jesu orientiert, ein Wort der „Gerechtigkeit" ist. Diese Zukunft in Gott gilt ja für alle, besonders für die in dieser Welt zu kurz Gekommenen, für die Behinderten und die Beschränkten. Das Blochsche Prinzip Hoffnung setzt Menschen voraus, die imstande sind, am Vorwärtskommen der Welt wirksam mitzuarbeiten. Mir kam dazu vor kurzem ein Wort des von den Nazis hingerichteten Jesuiten P. Alfred Delp in die Hand, dessen

Leben und Zukunftspläne – menschlich gesprochen – gescheitert sind. Kurz vor seiner Hinrichtung schreibt er als 37jähriger, der noch viel vorhatte: „Die allerletzte Absicht und allerletzte Sicherheit unseres christlichen Lebensgefühls heißt *Sieg*. Wir wurden immer gesalbt und gesegnet in der Form des Kreuzes. Aber die passio, der Untergang des Herrn, in den wir hineingetauft und geschickt sind, ist immer wieder die passio des Herrn, der bereits gesiegt hat ... So wird gerade von unserem Tode her sichtbar, daß wir leben zum Leben und zum Sterben und daß wir untergehen in das Lebendige, in den Sieg, in die Glorie hinein."

Das Zeugnis christlicher Hoffnung in der heutigen Welt zu leben ist nicht möglich, ohne daß wir uns mit dem Problem der *Schuld und Sündenvergebung* auseinandersetzen. Denn wenn diese Hoffnung vor allem aus dem Geheimnis von Jesu Tod und Auferweckung erwächst, dann geschieht das in dem Bewußtsein, daß uns durch ihn Verzeihung und Überwindung der Schuld geschenkt wurde. Die heutige Gesellschaft hat auch dafür wenig Sinn, will nichts hören von Sünde und Schuldverantwortung des Einzelnen, macht Umwelt, Erziehung, Verhältnisse verantwortlich. Das Hoffnungspapier nennt das den „Unschuldswahn" und legt Welt darauf, daß wir Christen, daß die Kirche an der Realität von Schuld und Sünde festhalten. Nur wer in der Tiefe die Not eigenen Versagens und eigener Schwäche erfahren hat, kann auch die lebendige und erneuernde Kraft der Hoffnung auf Gottes verzeihende Barmherzigkeit erfahren. Allerdings auch nur, wer seine wirkliche Schuld erkennt, die oft irgendwo anders und viel tiefer sitzt, als wir sie nach den Klischees kirchlicher Formeln, etwa in früheren Beichtspiegeln, benannt haben und oft heute noch benennen. Hier hat die Tiefenpsychologie wichtige Arbeit geleistet, und so mancher Psychotherapeut hat einem Menschen, der an sich und seinen Fähigkeiten, das Leben zu meistern, zu verzweifeln drohte, wieder zur Hoffnungskraft verholfen, die in der Tiefe verschüttet war. Natürlich nicht, wenn er verdrängte Schuld wegzupsychologisieren suchte, sondern wenn er fachmännisch half, die krank machenden falschen Schuldgefühle zu durchschauen und die verdeckte wirkliche Schuld aufzuarbeiten. Wo solch eine Befreiung gelingt, da kann man wohl sagen, daß in diesem Bereich das „Prinzip Hoffnung" realisiert wird, nämlich hervorzulocken und freizulegen, was im Menschen an Möglichkeiten angelegt ist, zunächst noch ohne den christlichen Glauben ins Spiel zu bringen.

Doch hat gerade das auch in der christlichen Hoffnung Platz, ja wir können sagen: Wenn in einem Menschen Angst und Versperrung, Ichverkrampfung und Unfähigkeit, sich hinzugeben, überwunden werden, dann ist damit erst die Voraussetzung für das Ankommen des Reiches Gottes geschaffen. Wenn einer sich löst zu Lebensmut und zur Bereitschaft, sich auf andere einzulassen, sich verwunden und in Frage stellen zu lassen, zu lieben – dann ist das gleichsam die Vorschule dafür, daß er sich auf Gott und seine Herausforderungen einläßt, sich für das Kreuz, für seinen Geist und für die Hoffnung öffnet.

Der Synodentext widmet dem vielschichtigem Begriff *„Reich Gottes"* ein längeres Kapitel. „Reich Gottes" ist der zentrale Begriff, der unsere christliche Hoffnung prägt und trägt. Wir hoffen auf den neuen Menschen, den neuen Himmel und die neue Erde in der Vollendung des Gottesreiches. Die Synode tritt dafür ein, daß wir den Bildern und Gleichnissen, in denen die Schrift im AT und NT von diesem Reich Gottes spricht, treu bleiben und sie vor der Auflösung in „die geheimnisleere Sprache unserer Begriffe und

Argumentationen" schützen sollten. Sie bezeichnen verständlich und unersetzbar, was unserer Hoffnung Kraft und Glanz gibt, und machen es anschaulich. Wir kennen die biblischen Bilder und Gleichnisse vom großen Frieden der Menschen und der Natur im Angesicht Gottes (wo das Lamm neben dem Löwen lagert), vom himmlischen Hochzeitsmahl, vom Reich der Freiheit, der Versöhnung und Gerechtigkeit. Besonders tröstlich finde ich die Verheißung, daß Gott alle Tränen abwischen wird und daß die Kinder Gottes, die jetzt weinen, dann lachen werden. – Also doch Jenseitsfrömmigkeit? Ja, denn sie gehört dazu und ist der andere Pol unserer Hoffnung, auf den wir nicht verzichten können. Aber der Text betont dann sofort, daß dieses Reich durch Jesus bereits unter uns „unwiderruflich angebrochen" und in der Gemeinschaft der Kirche wirksam sei; wir denken dabei besonders auch an die Feier der Eucharistie. Dann heißt es aber weiter, daß seine Verheißungen „mitten in unsere Lebenswelt hineinführen mit ihren je eigenen Zukunftsplänen und Utopien". „An ihnen", so lautet der Text, „brechen und verdeutlichen sich diese Verheißungen, auch in unserer Zeit der Wissenschaft und Technik, der großen sozialen und politischen Wandlungen", vielleicht um so mehr, je mehr wir heute an Grenzen des optimistischen Fortschrittglaubens und der technischen und zivilisatorischen Entwicklung zu stoßen scheinen. Beim Nachlesen des Synodenbeschlusses ist mir klargeworden, daß sich diese Entwicklung in den Jahren seit seiner ersten Konzeption sehr verschärft und zugespitzt hat. Vielleicht muß man sich auch einmal klarmachen, wie wir heute auch das „Prinzip Hoffnung" mit anderen Augen lesen müssen als die Menschen in dem allgemeinen hoffnungsvollen Neuaufbruch der frühen 60er Jahre, wo Optimismus nicht nur in der Gesellschaft vorherrschte, sondern auch in der Weltkirche, unter Papst Johannes XXIII., im 2. Vatikanischen Konzil. Viele von uns rechneten damals doch ernstlich mit einer tiefgreifenden Erneuerung der Kirche an Haupt und Gliedern, vor allem hofften wir, daß sie ganz anders als bisher mithelfen würde, die Welt zu verändern. Trotz Liturgiereform und Synoden – wie wenig hat sich von solchen Hoffnungen erfüllt! Wohl wußten wir damals schon, daß zwei Drittel der Menschheit hungern, aber wie gefährlich und wie rasch diese „Hungerbombe" die ganze bewohnte Welt bedrohen wird oder wie die einst so harmlos aussehende, nur unseren Schönheitssinn berührende Umweltverschmutzung zu einer Frage um Leben oder Tod wird, das scheinen wir jetzt erst ganz zu begreifen und trotzdem noch immer nicht wirklich ernst zu nehmen. Wenn wir täglich die Meldungen von den Kriegen und Naturkatastrophen in den Fernsehnachrichten sehen, erscheint es uns einerseits immer schwerer, das Prinzip Hoffnung im Sinne Blochs zu leben, anderseits aber notwendiger als je. Wenn sich nicht alle, Christen wie Nichtchristen, um eine Konzeption der Zukunft bemühen, die den letzten Ernst der Lage im Blick behält, sind wir verloren. „Den Dingen ihren Lauf lassen heißt, kollektiven Selbstmord begehen", las ich in einer Nummer der Schweizer „Orientierung". In einem Beitrag über „heutige Anknüpfungspunkte christlicher Eschatologie" vergleicht da der Theologe Raymund Schwager die unerhörte Herausforderung der heutigen Weltsituation mit der Verantwortung, in die das jüdische Volk im Verlauf seiner Geschichte immer wieder durch den Herrn gerufen wurde – und mit der Verantwortung, in die Jesus mit seinen Predigten vom anbrechenden Reich Gottes und den Forderungen der Nächstenliebe die Menschen rief. Wir befänden uns demnach also gerade in einer apokalyptischen

Situation, in der wir nicht so weiterleben können, als ob sich nichts geändert hätte. In ihr sind die Bereitschaft, mit allen verfügbaren Kräften diese Situation ändern zu helfen, und die christliche „Hoffnung wider alle Hoffnung" gleich aktuell geworden.

Als wir noch Kinder waren, haben wir mit gutem Gewissen gesungen: „O mein Christ, laß Gott nur walten". Heute sollte dieses Vertrauen auf Gott nicht weniger stark sein, aber es darf sich nicht mehr abspalten vom Engagement der Politiker und Wissenschaftler, der Techniker und Fabrikarbeiter, der Hausfrauen und der Erzieher: Alle haben auf ihre Weise beizutragen. Sicher ist auch das fromme Gebet der Karmelitin nötig, aber auch sie muß mit heißem Herzen wissen, wofür sie betet. Im übrigen sagt der Hoffnungstext, daß die Christen oft realistischer seien in bezug auf die Zukunft als die anderen, daß sie eher die Möglichkeit des Scheiterns einkalkulieren und mit Recht die Utopien kritisieren, die meinen, hier schon eine Welt absoluter Gerechtigkeit und Selbstverwirklichung realisieren zu können: wir können eben Reich Gottes hier noch nicht vollenden.

Keiner hofft für sich allein

Im Anschluß an solche Überlegungen folgt das Kapitel über die *Schöpfung*. Es unterstreicht, daß diese Welt so, wie sie ist, zustimmungsfähig sei. Auf dem Hintergrund des gerade Entwickelten ist das gar nicht so einfach zu bejahen. Jeder kennt wohl Stunden, wo der Eindruck überwiegt, daß eine Tendenz zur Zerstörung in der Schöpfung sei. Ich erinnere mich, wie Reinhold Schneider nach den Bekenntnissen in „Winter in Wien" nicht damit fertig wurde, daß viele Lebewesen einander bekämpfen und auffressen. Die Französin Marie Noël hat ähnlich empfunden. Aber sie wurde schließlich damit fertig von der Erfahrung des Kreuzes her, als ihr aufging, daß für den Glaubenden solche Zerstörung nicht das Letzte ist. Auch mir scheint, daß allein von der Schöpfung her unsere Hoffnung nicht genügend Nahrung erhält, sondern erst im Licht des Leidens, des Sterbens und der Auferweckung Jesu. Trotzdem kann die Hoffnung sich nur entfalten, wenn ein Mensch doch das Gute und das Dankenswerte in der Schöpfung in seinem Leben ausreichend erfahren hat, wenn er Augen hat für die Schönheiten der Natur, wenn er sich an Gottes guten Gaben erfreuen kann und sie zu genießen vermag. Ja, der evangelische Theologe Dietrich Bonhoeffer, in ähnlicher Lage wie Pater Alfred Delp, schreibt aus dem Gefängnis kurz vor seinem Tod die überraschenden Worte: „... Nur wenn man das Leben und die Erde so liebt, daß mit ihr alles verloren und zu Ende zu sein scheint, darf man an die Auferstehung der Toten und eine neue Welt glauben." Baptist Metz hat im Entwurf des Synodentextes mit Recht Wert darauf gelegt, daß „die Zustimmungskraft unserer Hoffnung in uns nicht bleiben kann, wenn wir nicht immer wieder dafür einstehen, daß auch das Leben anderer zustimmungswürdig wird und seinerseits eine Quelle von Dankbarkeit und Freude sein kann". Unter dieser Voraussetzung kann der Text dann vom Feiern und vom Danken sprechen und fragen, ob angesichts der immer deutlicher sich abzeichnenden Grenzen der Naturausbeutung vielleicht das Beten und Feiern, das Loben und Danken ihr unansehnliches, ohnmächtiges Dasein verlieren werden. Überprüfen wir uns selbst, wann wir am intensivsten gedankt und gefeiert haben; doch wohl gerade nicht, wenn wir alles in Überfülle hatten und rundum gesund und wohlbehütet waren. Ich denke dabei an einen Sonntagmorgen im Frühjahr 1945, wie wir in Frankfurt mitten durch noch rauchende Trümmer zum ersten Mal wieder ohne Angst vor

Tieffliegern in die Kirche gehen konnten oder wie wir in den Kriegs-Jahren Weihnachten feierten und uns gegenseitig in der Hoffnung bestärkten, daß wir einmal uns wieder im Frieden satt essen dürften.

Wenn ich als Christ der älteren Generation über das Zeugnis der Hoffnung in der heutigen Welt nachdenke, so kann ich das nicht, ohne zugleich an eine vielleicht sehr arme *Kirche von morgen* zu denken, ohne mich der Frage zu stellen: wird die Gemeinschaft der Kirche auch als Großgruppe den Funken der Hoffnung auf die Vollendung des bereits angebrochenen Gottesreiches immer neu entfachen und lebendig halten können? Der Synodentext gibt uns Hoffnung dafür, aber natürlich keine Sicherheit; er streift die Frage in dem folgenden Kapitel *„Gemeinschaft der Kirche"*, betont dort, daß die Kirche nicht selbst das Reich Gottes ist, daß dieses aber in ihr „im Mysterium schon gegenwärtig" ist.

Was sagt das aber unseren heranwachsenden Kindern oder unseren Freunden aus der jungen Generation? In der großen Meinungsumfrage vor der Synode in den Jahren 1971 wurde die erschreckende Feststellung gemacht, daß nur 38% der jungen Menschen zwischen 16 und 20 glauben, daß es in ein paar hundert Jahren noch eine Kirche geben wird. Es gilt wohl nach wie vor, daß die Jugendlichen in der Mehrzahl zur Institution Kirche überwiegend in Distanz stehen, daß sie ihr in ihrer heutigen Erscheinungsform wenig Chancen geben, daß sie für das Mysterium und für die kirchliche Symbolsprache kein Organ mehr zu haben scheinen, daß sie sich jedoch oft an Diskussionen über Reformen lebhaft beteiligen und überhaupt ansprechbar sind, wenn es gilt, sich zu engagieren oder Hilfe für andere zu organisieren.

Dem kommen die Akzente in der Theologie der Hoffnung entgegen, wie sie Moltmann und Metz vertreten. So schreibt Moltmann: „Die Hingabe des Lebens in der Liebe und im unwiderruflichen Einsatz fürs Konkrete kann nur mit der gleichen unbedingten Leidenschaft getan werden, wie die Auferstehung und das Reich Gottes erhofft werden“; und der Synodentext sagt: „Keiner hofft für sich allein.“ Er fordert immer neu das Dasein für andere.

Gerade diese Solidarität mit den Kindern dieser Welt fordert auch ein kirchliches Dokument des letzten Konzils; die Konstitution über die Kirche in der Welt nach ihren Anfangswerten „Gaudium et Spes“ genannt. „Freude und Hoffnung, Trauer und Bedrängnis der Menschen sind auch Freude, Hoffnung, Trauer und Bedrängnis der Jünger Jesu Christi“, lautet dieser Anfang.

Trauer und Bedrängnis: früher oder später werden auch die jungen Christen darauf stoßen, daß *Dasein* für andere auch *Leiden* an anderen heißt und irgendwann unweigerlich in die Kreuzesnachfolge führt. Das kann Überforderungen oder Stärkung bedeuten, je nachdem, ob man sich dagegen aufbäumt oder sie annimmt. Billiger ist christliche Hoffnung nicht zu haben. Wenn uns die Sorge um die Erneuerung der Kirche nicht losläßt, so bewährt sich gerade hier jene christliche Zuversicht, die sich so engagiert, als ob alles von uns abhinge, und zugleich alles von Gott und dem uns verheißenen Geist erwartet, den der Vater keinem verweigern wird, der ihn erhofft und erbittet, wenn auch sein Wirken oft anders aussieht, als wir es uns vorstellen.

Wegzeichen für christliches Leben heute

Was heißt das nun alles konkret, was heißt, das Zeugnis der Hoffnung in der Nachfolge des Jesus von Nazaret verwirklichen? Mir scheinen die vier Stichworte hilfreich, die der Synodentext als *Wege in die Nachfolge* nennt: den Weg in den Gehorsam des Kreuzes, in die Armut, in die

Freiheit und in die Freude. Er spricht davon, daß hier noch viele andere Wege möglich wären, daß diese aber als „Wegzeichen für unser gegenwärtiges kirchliches Leben herausgegriffen" werden sollten. Wenn die Kirche als Gemeinschaft hoffender Menschen diese Wege in die Nachfolge wagt und beschreitet, wird sie wieder glaubwürdiger für die von Krisen geschüttelte Welt Hoffnung weitergeben können.

Zum Weg in den *Gehorsam des Kreuzes* sagt der Text: „Das Gottesbild, das in der Armut des Gehorsams Jesu gegenüber dem Vater und in der Ausgeliefertheit seines Lebens an diesen aufscheint, ist nicht das Gottesbild der Überhöhung von irdischer Herrschaft und Autorität, sondern das Bild des Gottes, der erhebt und befreit, der den Schuldigen und Gedemütigten in eine neue verheißungsvolle Zukunft entläßt und ihm mit den ausgestreckten Armen seines Erbarmens entgegenkommt. Ein Leben in der Nachfolge ist ein Leben, das sich in diese Armut des Gehorsams Jesu stellt." Diese Grundhaltung schließt die Bereitschaft ein, eigene Pläne durchkreuzen zu lassen im Gehorsam gegen den Willen des Vaters, wie er sich in dessen Fügungen und Führungen zeigt. „Im Gebet", so sagt der Text weiter, „wagen wir diese Armut, die unkalkulierte Auslieferung unseres Lebens an den Vater." Der Preis dafür sei hoch, und das Wagnis dieses Gehorsams führe in ein Leben zwischen vielen Fronten. Dann wird sehr offen gefragt, ob das Leben in unserem Land nicht schon zu fest und unbeweglich in die Systeme und Interessen unseres gesellschaftlichen Lebens eingefügt sei, um sich zwischen den Fronten, in alle Konsequenzen der Kreuzesnachfolge, zu wagen. Wenn wir der Gefahr verfielen, als Kreuzesreligion zur Wohlstandsreligion zu werden, dienten wir schließlich keinem, nicht Gott und nicht den Menschen.

In anderem, mehr wörtlichem Sinne war von der *armen Kirche* im Geist des Evangeliums bereits seit dem Konzil viel die Rede. Der Text über die Hoffnung erinnert vor allem daran, daß die Armen und Kleinen, wie bei Jesus, so auch in seiner Kirche, die Privilegierten sein müßten. Mir fehlt in diesem Zusammenhang in dem Dokument ein Appell zu verändertem Lebensstil bei uns und auch bei den Verantwortlichen der Kirche. Als Glieder der Kirche sind wir durch die veränderte Weltsituation herausgefordert zu spürbaren Einschränkungen in unserer Lebenshaltung, größerer Einfachheit und manchen neuen Verzichten zugunsten der Notleidenden. Das wird uns in deren Augen erst Glaubwürdigkeit geben, wenn wir ihnen von Hoffnung sprechen.

Solche konkreten Schritte auf die evangelische Armut zu werden uns auch *freier* machen: freier von der Angst, etwas zu verlieren, freier von den Fesseln und vom Sog des Wohlstands, dem wir doch alle in irgendeiner Form erlegen sind, freier von Abhängigkeiten verschiedener Art. Erst solche innere Freiheit gibt den Mut, Mächtigen und Einflußreichen, Politikern und Kirchenführern gegenüber auch einmal eine unpopuläre oder herausforderende Meinung unbefangen zu äußern.

Solche Freiheit, die aus dem Loslassen vieler Sicherungen kommt, ist die Voraussetzung der *Freude*, die viele heute bei den Christen vermissen. Die Freude der Kinder Gottes ist das Signum des Heiligen Geistes. Am Ende des Lukas-Evangeliums heißt es, daß die Jünger nach der Auffahrt des Herrn „in großer Freude" nach Jerusalem zurückkehrten. Dabei sollte man doch annehmen, daß diese Stunde des Abschieds sie traurig gestimmt hätte. Aber die freudige Hoffnung, die er durch die Verheißung des Wiedersehens in ihnen erweckt hatte, war eben stärker als die menschliche Traurigkeit. Solche Freude aus dem Heiligen

Geist, die wir uns nicht selber geben können, die uns auch die Gaben der Schöpfung und die menschlichen Begegnungen neu erfahren läßt, macht die eigentliche Zeugniskraft der christlichen Hoffnung aus.

Je älter man wird, desto stärker darf und sollte sie auch, trotz bleibendem Engagement, auf die kommende Welt gerichtet sein. Sie erhält jung, und sie verändert die Maßstäbe von wichtig und unwichtig. Josef Pieper sagt: „Die übernatürlich begründete, aber doch sehr sichtbar in das Natürliche sich auswirkende Jugendlichkeit des hoffenden Christen lebt aus einer Wurzel, die in eine Zone des menschlichen Seins hinabdringt, welche die natürlichen Hoffnungskräfte nicht erreichen. Die übernatürliche Jugendlichkeit nämlich strömt aus der Teilhabe am Leben Gottes, der uns innerlicher und näher ist als wir uns selbst." Noch schöner und anschaulicher ist das gleiche im Buch Jesaja ausgedrückt, das Pieper das Hoffnungs- und Trostbuch Israels nennt. Da heißt es (40, 31): „Die auf den Herrn hoffen, werden neue Kraft gewinnen. Es werden ihnen Flügel wachsen gleich den Adlern. Sie werden laufen: unangestrengt. Sie werden wandern: unermüdbar."

Frauen
in
der
Kirche
neu
entdeckt

ERNST GUTTING

Ohne neues Frauenbild keine neue Kirche

Kurz nach dem Ersten Weltkrieg formulierte Romano Guardini die These von jenem Prozeß in der Kirche, der damals noch kaum wahrgenommen, aber durch dieses Wort vielen zu Bewußtsein gebracht und damit weiter vorangetrieben wurde: „Ein Vorgang von unabsehbarer Tragweite hat begonnen: Die Kirche erwacht in den Seelen." Diese neugewonnene Erkenntnis des Glaubens, daß Kirche keine Struktur oder Organisation, sondern ein Organismus des Heiligen Geistes ist, formulierte Guardini gegen Ende seines Lebens, als die Kirchenkonstitutionen des II. Vaticanums verabschiedet wurde in den Aussagen: „Kirche ist keine erdachte oder konstruierte Institution ..., sondern ein lebendiges Wesen ... Sie lebt durch die Zeit weiter; werdend, wie alles Lebendige wird, sich wandelnd ... und dennoch im Wesen immer die gleiche, denn ihr Innerstes ist Christus."

Wie wäre es überhaupt möglich gewesen, daß dieses neue Selbstverständnis die Kirche langsam umzuwandeln beginnt, wenn dieser Prozeß nicht aus ihrer eigenen Lebensmitte aufgebrochen wäre, woran das Wort erinnert: „Die Kirche erwacht in den Seelen".

Hier begegnen wir der theologisch für uns selbstverständlichen Wahrheit, daß Gott „unserem Tun immer mit seiner Gnade zuvorkommt". Deshalb gehört es zu unserer wichtigsten Aufgabe und Verantwortung in der Kirche, daß wir wach und sensibel für die Impulse und Anrufe Gottes sind, die unser Mittun herausfordern. Angesichts unserer Blindheit oder Taubheit gegenüber den von Gott gesetzten Zeichen klagte schon Jesus: „Das Gesicht des Himmels wißt ihr zu deuten, die Zeichen der Zeit aber nicht" (Mt 1, 13).

Wenn in unserem Jahrhundert ein neues Selbstverständnis der Kirche zu den „Zeichen der Zeit" gehört, dann verweist uns dies „Erwachen der Kirche in den Seelen" auf das unter dem Wirken des Heiligen Geistes in den Christen selbst aufbrechende Bewußtsein und neue Selbstverständnis ihres Wesens und ihrer Berufung.

Hier muß man daran erinnern, daß ein solcher, von Guardini prophetisch erspürter „Vorgang von unabsehbarer Tragweite" nicht denkbar war ohne den vor dieser Entwicklung schon anbrechenden Wandel eines, im patriarchalischen Denken von Gesellschaft und Kirche verfälschten und nicht mehr tragbaren Frauenbildes.

So schrieb 1962 Kardinal Suenens in seinem Buch „Krise und Erneuerung der Frauenorden" (Salzburg 1962), die – im Munde eines Vertreters der Hierarchie – damals Staunen erregenden Sätze: „Ein neuer Typ ist geboren: die Frau in der modernen Welt. Diese Frau erleidet ihr Schicksal nicht mehr, sie gestaltet es. Sie ist befreit von den Fesseln von einst und entwickelt sich in einer Welt, die ihr die Möglichkeit gibt, ihre eigenen Reichtümer zu entfalten. Die größere Lebensdauer schenkt ihr sogar, wenn ihre Kinder einmal erwachsen sind, gleichsam noch ein persönliches Leben dazu. Sie verfügt über Bildung und ausgedehntere Freizeit. Alle diese neuen Faktoren bedingen ihre Präsenz und ihre Tätigkeit in der Welt und geben diesen eine fast unbegrenzte Ausweitungsmöglichkeit." Der Hinweis auf diese „Tätigkeit der Frauen in der Welt" zeigt, daß hier aber noch nicht vom gleichen Spielraum für die Frau in der Kirche und dem ihm entsprechenden theologischen Selbstverständnis dieser Rolle die Rede ist.

Wenn dem neuen Selbstverständnis der Kirche, wie es das II. Vatikanische Konzil konzipierte, der in der Kirche vom Geist selbst bewirkte Aufbruch vorausging, dann können wir aber auch nicht von einem nur theoretisch von der Theologie skizzierten neuen Frauenbild den entscheidenden Aufbruch erwarten. Die Kirche muß einer solchen Entwicklung ihre Bestätigung geben und sie als gottgewollten Prozeß vorantreiben. Außer der – theoretisch überwundenen – Ideologie des Patriarchalismus und den im Blick auf die Weiheämter noch offenen Fragen ist die Gleichheit in Würde und Tätigkeit aller Getauften, ob Männer oder Frauen, in den Aussagen der Päpste und kirchlichen Dokumente seit Johannes XXIII. grundsätzlich geklärt. Doch das Spannungsfeld zwischen Theorie und Praxis in der Kirche belastete das Klima des Verhältnisses der Frauen zur Kirche, wie die letzte Umfrage des Allensbacher Institutes über „Frauen und Kirche" zeigt. Dabei könnte sich jener Weg am fruchtbarsten erweisen, für den das von Marianne Dirks gelebte neue Frauenbild der Kirche ein Modell für den Wandel im Leben der Kirche geworden ist. Sie hat diesen Wandel durch ihr Engagement zunächst mehr gefördert als gefordert. So konnte sie sich auch anhand ihres eigenen Weges um so entschiedener für dieses neue Rollenverständnis der Frauen einsetzen und die Frauen dafür animieren und inspirieren.

Als Frau des Publizisten Walter Dirks hatte sie für ihren Weg einen Partner, der sie darin stützte und ermutigte. Ihre Arbeit begann an der Basis mit einer Frauengruppe ihrer Pfarrei. Hier suchte sie bereits vor dem Konzil dessen Ideen zu verwirklichen, die Kirche in den Seelen dieser Frauen lebendig werden zu lassen. Für ihre innere Entwicklung war es sicher von großer Bedeutung, daß sie mit ihrem Mann zum Freundeskreis von Guardini gehörte. An der Basis der Pfarre bemühte sie sich, die Frauen für eine missionarisch und pastoral akzentuierte Mitarbeit zu motivieren, so wie sie auch selber ihre Arbeit in der Kirche verstand.

Vierzig Jahre später wird – in Fortschreibung des Konzils, vor allem des Laiendekretes – eine eigene Bischofssynode in Rom das für die Zukunft der Kirche so wichtige Problem der „Stellung und Sendung der Laien in Kirche und Welt" als ihr einziges Thema behandeln. Die Deutsche Bischofskonferenz hat schon 1981 in ihrer „Stellungnahme zu einigen Fragen der Stellung der Frau in Kirche und Gesellschaft" sich selbst dazu bekannt, daß die Kirche „Modell für das gleichwertige und partnerschaftliche Zusammenleben und -wirken von Männern und Frauen sein soll". Auf Anregung der „Gemeinsamen Synode" hatte das gleiche Gremium ein Votum an Rom mit dem Ziel gerichtet, in Zukunft die „Frauen zu allen Diensten des gemeinsamen Priestertums aller Getauften gleichberechtigt zuzulassen". Erfreut konnten wir in dem „Nachsynodalen Apostolischen Schreiben von Johannes Paul II. über die Berufung und Sendung von Laien, im Kapitel über „Mitwirkung und Präsenz von Männern und Frauen", lesen, daß es pastoral notwendig sei, „auf eine gemeinsame Präsenz von Männern und Frauen hinzuarbeiten, damit die Teilnahme der Laien an der Heilssendung der Kirche voller, harmonischer und reicher werde". Als Ziel der heute notwendigen Partnerschaft hat auch schon Paul VI. „eine immer größere und engere Zusammenarbeit zwischen Männern und Frauen in Gesellschaft und Kirche" gefordert, damit sie „alle mit ihren besonderen Reichtümern und schöpferischen Kräften zum

Aufbau einer Welt beitragen, die nicht flach und gestaltlos, sondern harmonisch geeint ist".

Dieser Sicht eines neuen Selbstverständnisses der Frauen und Männer in einer partnerschaftlich gestalteten Arbeit der Kirche entsprach das Engagement von Frau Marianne Dirks in der Kirche und in der Gesellschaft. Neben ihrem Einsatz in der Pfarrei übernahm sie bald weitere Funktionen auf Stadt- und Bistumsebene. Mit 38 Jahren wurde sie die erste Präsidentin in der Katholischen Frauengemeinschaft Deutschlands. Sie war Vizepräsidentin des Zentralkomitees der Deutschen Katholiken, eine engagierte Fürsprecherin für ökumenische Zusammenarbeit und profiliertes Mitglied der Deutschen Synode. Als Konzilsbeobachterin und Gesprächspartnerin der Pastoralkommission der Bischofskonferenz konnte sie Anliegen der Frauen einbringen, auch wenn es in den beiden letzten Gremien für Laien noch keine Teilnahme an Entscheidungen gibt.

Die Übernahme und Erfüllung der genannten Aufgaben entspricht „dem neuen Selbstverständnis der Frau und ihrer fruchtbaren Mitarbeit auf allen Ebenen der Kirche". Das apostolische Schreiben über die Sendung der Laien hat betont, worin der Hauptgrund für die „Mitwirkung und Präsenz von Männern und Frauen in der Kirche" liegt: nämlich im „ursprünglichen Plan des Schöpfers, der von ‚Anfang' an den Menschen als ‚Einheit von Zweien' gewollt hat, Mann und Frau als erste Persongemeinschaft, die Wurzel aller anderen Gemeinschaften und zugleich ‚Zeichen' jener interpersonalen Liebesgemeinschaft, die das geheimnisvoll intime Leben des Einen und Dreifaltigen Gottes ist".

Die Notwendigkeit der Begegnung und des Zusammenwirkens von Mann und Frau gründet in den Aussagen des Schöpfungsberichtes, daß es nicht gut ist, daß der Mensch allein bleibt. Gott wird ihm „eine Hilfe machen, die ihm entspricht" (Gen 2, 18). Die Bibel gebraucht für „Hilfe" an dieser Stelle das gleiche Wort, wie sie Gott selbst als den „Helfer" für den Menschen bezeichnet. Die Jüdin Edith Stein schreibt über den hier verwandten hebräischen Ausdruck „Eser kenegdo", der deutsch kaum wiederzugeben ist, ganz wörtlich: „eine Hilfe wie ihm gegenüber". Man kann sich darunter „ein Spiegelbild denken, in dem der Mann seine eigene Natur erblicken könnte ... aber auch an ein Gegenüber, ein Pendant, so daß beide einander gleichen, aber ... so, daß sie einander ergänzen, wie eine Hand die andere". Hier stehen wir vor dem Geheimnis der in jedem Menschen angelegten Polarität weiblichen und männlichen Menschseins, die nach C. G. Jung uns vollendet nur in der Gestalt Christi begegnet. Er hat in diesem Sinne „Jesus den Erstling und das Vorbild des integralen Menschen" genannt.

Mann und Frau, beide geschaffen als Abbild Gottes, sollen einander zu Vermittlern unseres in Christus menschgewordenen Urbildes werden. Dadurch wird sich, wie Edith Stein feststellte, in der Nachfolge Christi durch unsere Indentifikation mit dem Herrn unsere eigene Menschwerdung vollziehen. Denn je weiter ein Christ auf diesem Weg voranschreitet, „desto mehr wird er Christus ähnlich werden. Da Christus das Ideal menschlicher Vollkommenheit verkörpert, in dem alle Mängel und Einseitigkeiten aufgehoben, die Vorzuge der männlichen und weiblichen Natur vereint und die Schwächen getilgt sind, werden die getreuen Nachfolger gleichfalls mehr und mehr über die Grenzen der Natur hinausgehoben". Hier wird ein neues Frauenbild entworfen, dem Marianne Dirks auch in ihrer Beschäftigung mit Therese von Lisieux begegnet.

Theresia vom Kinde Jesu hat in ihrem ganzen Leben von kirchlichen Amtsträgern für ihren Weg keinerlei Hilfe erfahren, wie ihr die Kirche mit der Aussage: „Jesus allein war ihr Führer", bestätigte. Sie lebte in einer durch niemand vermittelten Unmittelbarkeit zu Gott. Das zeigte sich in ihrer inneren Selbständigkeit und Unabhängigkeit. Für viele Priester wird sie zum Sprachrohr des göttlichen Willens bezüglich ihrer christlichen und missionarischen Berufung. Die entscheidenden Absichten Gottes für ihre eigene Berufung mußte sie sogar gegen kirchliche Amtsträger durchsetzen. Theresia hatte auch ein waches Empfinden für die „weibliche", mütterliche Seite Gottes, im Gegensatz zum vorherrschenden patriarchalen Gottesbild. Im Glauben an die Führung des Heiligen Geistes vertraute sie auch ihren persönlichen Erleuchtungen in der Auslegung der Heiligen Schrift, die sie zu einer praktisch gelebten Theologie des Herzens führte. Marianne Dirks entdeckt, daß diese junge Frau schon vor 100 Jahren von Gott zum Modell und Geschenk eines neuen, für die Zukunft der Kirche entscheidenden Christ- und Menschseins gemacht wurde, wie es auch in einem neuen christlichen Frauenbild in Erscheinung tritt.

Zum Schluß möchte ich noch einmal zu Guardini zurückkehren: Vielleicht wird uns das neue Frauenbild, das Marianne Dirks auch in den Schriften der kleinen Therese entdeckte, um so verständlicher, wenn man Aussagen Guardinis liest, die zum ersten Mal in dem Buch „Wie Theologen Frauen sehen – von der Macht der Bilder" (Freiburg 1993) veröffentlicht wurden: Marianne Dirks und ihr Mann gehörten, wie schon gesagt, zum Freundes- und Mitarbeiterkreis Guardinis auf Burg Rothenfels. Für Guardini „wurzelt die spezifisch männliche und weibliche Sphäre im Geiste und ist auf ihn hingeordnet". Auf diese geistig-personale Existenz des Menschseins bezieht sich auch die von Paulus bezeugte Wesensgleichheit von Mann und

Frau, wenn er schreibt: „Da gilt nicht mehr ‚Mann oder Frau', denn ihr alle seid einer in Christus Jesus" (Gal 3, 28). In den Meditationen Guardinis über die Genesis („Der Anfang aller Dinge", Würzburg 1961) lesen wir: „Was also das Wesen dieser Verbundenheit zutiefst bestimmt, ist nicht das Physiologische, sondern das Personale."

Um Mißverständnissen vorzubeugen, wenn wir bezüglich des in Mann und Frau angelegten polaren Menschseins von weiblichen und männlichen Komponenten sprechen, ist zu betonen, daß diese Begriffe nicht physiologisch verstanden werden dürfen. Im Blick auf das in unmittelbarem Bezug zu Gott in Freiheit zu lebende Menschsein schreibt Guardini: „Diese Freiheit aber – um das noch einmal zu betonen – darf nicht vom Männlichen her vorbestimmt werden; vielmehr stellt sie sich in beiden Grundformen des Menschlichen jeweils echt und ursprünglich dar. Es ist das Unrecht des Mannes gewesen, daß er die Wesensmomente der Freiheit männlich bestimmt, damit die entscheidenden Werte in seinen Besitz gebracht und die Ordnungen des Daseins dadurch beherrscht hat. Die Folgen waren unabsehbar."

In einem Satz hat Guardini die entscheidende Aussage über das neue Frauenbild zusammengefaßt: „Um aber noch einmal auf die Gleichheit der Frau mit dem Manne zu kommen: das Grundrecht, in welchem Gleichheit sein soll, besteht im Recht auf das eigene, von Gott begründete Wesen." Nur wenn der Frau diese Gleichheit und Freiheit ihres Menschseins ermöglicht wird, kann sie in Partnerschaft mit dem Mann ihren unverzichtbaren Beitrag für eine noch zu erneuernde Kirche einbringen.

Sie prägten das Antlitz der Kirche:

Heilige Frauen

Frauen wünschen und fordern heute in wachsendem Maß mehr Einfluß und Mitspracherecht in der Kirche. Doch sind es auch in unseren Tagen immer noch fast nur Männer – männliche Amtsträger –, die das Erscheinungsbild der Kirche prägen und bestimmen. Das gilt noch mehr für die Kirche des Mittelalters und der beginnenden Neuzeit bis hinein ins 19., ja ins 20. Jahrhundert, als die Frauen ihre untergeordnete Rolle in der Kirche noch weithin ohne Widerspruch hinnahmen. Die heilige Caterina von Siena, die Theologen und Päpsten ins Gewissen geredet hat, ist erst allmählich zu dieser Überlegenheit herangereift. In der mystischen Berufung der Neunzehnjährigen, von der berichtet wird, wehrte sie sich erst spontan gegen den Auftrag, fortan stärker nach außen zu wirken, und sagte dem Herrn: „Ich bin eine Frau, und es kommt den Frauen nicht zu, zu lehren und Apostel zu sein. Vor ihnen haben die Männer keinen Respekt. Außerdem gehört es sich nicht, daß eine Frau sich mit Männern unterhält."

Dennoch gibt es zahlreiche Zeugnisse heiliger Frauen, die zeigen, daß Frauen trotzdem das Leben der Kirche nach innen und nach außen mitgeprägt haben. Gewiß nahmen sie eine Ausnahmestellung ein: durch ihre besondere Berufung. Diese schenkte ihnen eine ungewöhnliche Erfahrung von Gottes Nähe und Liebe. Das befähigte sie zu einem Leben für andere. Bei vielen bedeutete das aufopfernde Tätigkeit für Arme oder Kranke oder von der Gesellschaft Geächtete, bei anderen Einsatz für Frieden und Versöhnung in der Kirche oder auch in der Welt. Bei manchen hieß es Wirksamkeit für die Erneuerung einer Kirche, die durch ihre Mißstände und die Verfassung ihrer Amtsträger ein Ärgernis war, oder es hieß auch, „nur" zu beten und zu büßen für die im Glauben schwachen oder ihnen fernen Brüder und Schwestern.

Gott hatte seine Hand auf diese Frauen gelegt. Er hatte sie zu einem besonderen Zeugnis herausgerufen; sie stellten sich seinem Anruf und lieferten sich ihm ganz aus. Ihre „Charismen", ihre geistlichen Begabungen, waren vielfältig. Gottes Phantasie reicht weit über unsere Vorstellungen hinaus. Seine unauslotbare Heiligkeit spiegelt sich in den vielen Zügen und Farben ihrer Heiligkeit. Jede von ihnen hat ihr einmaliges, unverwechselbares Menschenschicksal, mögen sich auch die Lebensbilder einiger mittelalterlicher heiliger Fürstinnen auf den ersten Blick ähneln. So war es möglich, daß diese Frauen Einfluß in der Kirche gewinnen konnten, auch in Zeiten, da die Frau von einem Kirchenlehrer wie Thomas von Aquin noch als ein mißglückter Mann angesehen wurde.

Es ist auffallend, daß dieser Einfluß selten Erwähnung findet, wenn die Entwicklung von der Urkirche, in der die Frau eine relativ angesehene Stellung hatte, zur „versteinerten Männerkirche" (Ida Raming) späterer Jahrhunderte beklagt wird. So findet sich in dem wichtigen Heft der internationalen Zeitschrift „Concilium" über „Frauen in der Männerkirche" (April 1980) kein Wort über die weiblichen Heiligen und ihre Bedeutung für die Stellung der Frau in der Kirche. Es ist der Aufmerksamkeit wert zu verfolgen, wieweit heilige Ehefrauen und Ordensfrauen – aber auch jungfräuliche Frauen in der Welt – der Kirche ihrer Zeit neue Züge aufprägten und damit die Mißachtung der Frauen ein Stück zu überwinden halfen. Dabei müssen zeitgenössische Quellen befragt werden, um die Verfälschungen und Übertreibungen zu vermeiden, die es lange Zeit vielen Christen schwergemacht haben, eine lebendige Beziehung zu den Heiligen zu finden.

Nun könnte man hervorheben, daß diese heiligen Frauen Ausnahmen gewesen seien, die bekanntlich die Regel bestätigen: hier die Bedeutungslosigkeit der Frauen in der Kirche. Bei der Ernennung der heiligen Teresa von Avila zur ersten Kirchenlehrerin durch Paul VI. 1980 schrieb Karl Rahner hierzu: „Man sage nicht: Teresa ist eine Ausnahme. Denn alle Kirchenlehrer, auch die Männer unter ihnen, sind Ausnahmen. Und Teresas Proklamation als Kirchenlehrerin zeigt ja, daß man früher keine solchen Frauen anerkannte, nicht weil es keine dieses Titels würdige Frau gab, sondern weil man diesen Titel nicht an Frauen vergab aus Gründen, die eben in der zeit- und kulturgeschichtlichen Einschätzung wurzelten."

Zu dieser These, daß Frauen grundsätzlich und nicht nur als besonders große Ausnahmen fähig und berufen sind, das Angesicht der Kirche mitzuprägen und daß sich das auf ihre Stellung in dieser Kirche auswirkt, mache ich zwei Feststellungen: Erstens, wir haben heute, vor allem seit dem Konzil, die Berufung aller Christen zur Heiligkeit neu entdeckt, wie sie Paulus voraussetzte, als er „die Heiligen in Christus Jesus zu Philippi" anschrieb. Die „Dogmatische Konstitution über die Kirche" des 2. Vatikanischen Konzils sagt, daß „alle Christgläubigen jeglichen Standes oder Ranges zur Fülle des christlichen Lebens und zur vollkommenen Liebe berufen sind“ (Kapitel 5). Wir werden zu fragen haben, wo denn nun der entscheidende Schritt von der Berufung zur Verwirklichung der Heiligkeit liegt: wieweit Gott ohne unser Zutun erwählt und beschenkt und wieweit es an uns liegt, daß so wenige zur „vollkommenen Liebe“ heranreifen.

Zweitens: Wenn man sich näher mit den so verschiedenen Lebenswegen der großen heiligen Frauen beschäftigt, geht einem auf: Der Weg zur Heiligkeit in seiner Mühsal, mit seinen Kämpfen und Beseligungen hat diese Frauen zur inneren und äußeren Selbständigkeit und zur Sicherheit in ihrer Rolle als Frauen befreit. Sie lebten „alternativ“, anders als die anderen, das heißt sie übersprangen auf mannigfaltige Weise die Schranken und Festlegungen der Konvention ihrer Zeit, indem sie Gott mehr gehorchten als den Menschen. Das brachte sie sehr oft in Konflikt mit der verfaßten Kirche, mit deren Unverständnis und Starrheit, ohne daß sie aber aus dieser Kirche ausbrachen. So kamen viele von ihnen früher oder später in die Situation, den Männern – eben oft auch Vertretern der Amtskirche – als freie Partnerinnen gegenüberzutreten, nicht selten wiesen sie diese geschwisterlich zurecht.

Damit soll nun gewiß nicht gesagt werden: Wenn alle oder viele Frauen Heilige würden, sei das Problem ihrer Minderbewertung durch die Kirche gelöst, oder gar, dann erübrige sich eine Reform der verfestigten Strukturen der Männerkirche – oder dann käme von selbst eine Umbesinnung der beteiligten Männer. Aber wer sich mit den Biographien heiliger Frauen auseinandersetzt, wird erkennen, daß tiefe Zusammenhänge bestehen zwischen ihrem Weg zur Heiligkeit und dem Weg zur eigenständigen Frau.

Heiligkeit als Antwort auf den Anruf Gottes

Daß der Ruf zur Nachfolge Jesu angenommen oder abgelehnt werden kann, zeigt das Evangelium vom reichen jungen Mann, der es nicht fertigbrachte, seine Güter loszulassen, als der Liebesblick des Herrn ihn traf. Von ihm heißt es, daß er traurig wegging. Wenn Christen so reagieren – und wie oft tun sie es –, dann bleibt nicht nur in ihrem persönlichen Leben, sondern auch im Leben der Kirche ein Plan Gottes unerfüllt. Sie verspielen dann eine Chance, die ihnen angeboten wurde, oder ein glaubwürdigeres Zeugnis, aus Trägheit oder Menschenfurcht oder aus Mangel an Mut oder Phantasie zu neuen Wegen.

Das Entscheidende bei allen Heiligen war, daß sie von Gottes werbendem und lockendem Anruf tief getroffen waren und daß sie aus vollem Herzen Ja sagten. Deshalb strahlten sie Heiterkeit aus, im Gegensatz zur Traurigkeit des Neinsagers. (Der Heiligsprechungsprozeß verlangt, der Diener oder die Dienerin Gottes solle das Gute leicht und freudig getan haben – trotz aller Schwierigkeiten und Anfechtungen, die bei keinem ausbleiben.)

Viele als Heilige erkannten Frauen fordern unsere Bewunderung heraus, manche durch ihre imponierenden Leistungen, fast alle durch ihre mystische Erfahrung von Gottes Nähe und Führung. Wir stellen aber auch allzuleicht beruhigt fest, daß sie mehr zu bewundern als nachzuahmen seien. Doch dann eröffnet uns eine Frau aus ihrer Reihe einen Zugang zu einer „gewöhnlichen" Art von Heiligkeit, die sie ausgesprochen zur Nachahmung vorgelebt hat: die „kleine" heilige Theresia von Lisieux, uns zeitlich sehr nahe, aber doch auch wieder ferngerückt durch die süßlichen Bilder, die unsere Vorstellung von ihr verfälscht haben, auch durch ihre Abgeschiedenheit im Karmel.

Pius X. hat sie die größte Heilige der Neuzeit genannt. Die Biographien der heiligen Frauen aus den weiter zurückliegenden Jahrhunderten sprechen für sich, wenn wir fragen, auf welche Weise sie die Kirche mitprägten. Aus Theresias Lebensbild aber ist nicht ohne weiteres herauszulesen, daß sie eine „moderne" Heilige, eine Heilige für uns, für die Kirche der Neuzeit, geworden ist, obwohl sie als Kind des neunzehnten Jahrhunderts von den Umbrüchen und Aufbrüchen in der Kirche dieser Zeit unberührt lebte. Ihre Größe und Bedeutung liegt nicht in staunenswerten sichtbaren Leistungen, sondern in der Vermittlung eines „einfachen" Weges zur Heiligkeit. „Alles, was ich getan habe, muß den kleinen Seelen erreichbar sein", sagte sie selber. Ihre Lehre vom „kleinen Weg" beschreibt nicht abstrakt bestimmte, allgemeine Voraussetzungen zur Heiligkeit, sondern verweist jeden auf den einmaligen Namen, bei dem Gott ihn ganz persönlich gerufen hat und täglich neu ruft. „Ich habe Gott nie einen Wunsch verweigert", bekennt sie von sich selbst. Das war das Geheimnis ihrer Heiligkeit. Ida Görres nennt das einmal das Eingehen auf den „leisen Willen Gottes", wie er sich in den unscheinbaren Herausforderungen zur größeren Liebe, zum Loslassen der Ichverkrampftheit, zum Annehmen von Belastungen und Verzichten im Alltag kundtut. In Theresias Leben war von Hause aus manches von kleinem, ja kitschigem Zuschnitt. Doch indem sie sich dem Gott der Wahrheit ganz auslieferte, reifte sie zu einer großen Heiligen heran. Zugleich hat sie in Jahren schmerzlicher Gottferne die Erfahrung des modernen Menschen von der (scheinbaren) Abwesenheit Gottes vor-erlebt. Ein anderer Zug, der auf ihre und unsere Sendung in der Glaubensferne der Neuzeit hinweist, ist die missionarische Ader, von ihr für unseren Geschmack etwas pathetisch „Durst nach Seelen" genannt: das leidenschaftliche Verlangen, die Menschen für Gott zu gewinnen – das, woraus man selber lebt, den anderen zu vermitteln, ohne direkt auf sie einwirken zu können.

Heiligkeit und Eigenständigkeit der Frauen

Das Buch „Die ewige Frau", das 1934 erschien, in einer Zeit, als man in Deutschland die Frau ganz auf ihre Mutterrolle beschränken wollte, war damals für viele christliche Frauen wie eine Offenbarung. Hierin vertritt Gertrud von le Fort die These, daß „die eigentliche weibliche Genialität immer nur in der religiösen Sphäre erscheint: der Größe einer Hildegard von Bingen, einer Johanna von Orleans, einer Caterina von Siena ist in der profanen Welt keine Frau an die Seite zu stellen". Das mag für das christliche Mittelalter und auch noch für die beginnende Neuzeit zutreffen; weithin zustimmen können wir auch noch der Aussage, daß die Haltung der Hingabe und des Empfangens die Voraussetzung für die charismatisch-schöpferische Leistung und die eigentliche religiöse Haltung vor Gott sei. Das kommt auch immer wieder in den Lebensbildern der heiligen Frauen zum Ausdruck. Doch gilt das genauso für den männlichen Heiligen und für den schöpferischen Mann. G. von le Fort gesteht es auch an einer Stelle zu: „Auch der Mann empfängt den Schöpfergeist im Zeichen Mariens, in Demut und Hingebung, oder er empfängt ihn überhaupt nicht." Nicht mehr folgen aber können wir heute der Dichterin, wenn sie meint, daß die charismatisch begabte Frau nur „einspringt", wo der Mann ausfällt oder versagt, und daß eine solche Begnadung der Frau zugleich das „Auslöschen der Person zum Werkzeug des Höchsten" bedeute.

Selbst Bernadette Soubirous, die nach der relativ kurzen Phase ihrer Erscheinungen unbeachtet im Kloster verschwand, ist mit großem Durchsetzungsvermögen gegen alle Widerstände und alle Verständnislosigkeit ihrer frommen Umgebung zielbewußt ihren Weg in der Führung Gottes gegangen. Dabei ist sie vielleicht mehr als alle anderen wirklich ein „Werkzeug“ gewesen. Wenn die heiligen Frauen der frühen Jahrhunderte alle eine deutliche Antwort auf eine bestimmte konkrete Situation ihrer Zeit gaben, so muß man sich klarmachen: Bernadette (wie auch Therese von Lisieux) lebte ohne irgendwelche nach außen gerichtete Aktivität im Kloster, während gleichzeitig ihre Schwestern in Europa sich den Zugang zu den Bildungseinrichtungen und den politischen Grundrechten der Frauen erstritten oder sich durch Gründungen tätiger Genossenschaften – für Arme oder Kranke oder gefährdete Mädchen – engagierten. Wir sollten die Frage offenhalten, wie auch ein solches Heiligenleben ein Zeichen sein könne; wenn sich manche Zeitgenossen – auch gläubige – mit dem Phänomen Lourdes schwertun, sollten sie sich klarmachen, daß Bernadette zuerst eine Botschaft der Buße für die Christen ihrer Zeit empfangen hat.

Als Gegenbeispiel möchte ich eine Heilige aus der Zeit des 30jährigen Krieges herausgreifen, die die These vom „Einspringen der Frau“, weil „Not am Mann“ sei, besonders eindruckvoll widerlegt: Maria Ward, die Gründerin des ersten „Säkularinstitutes“ der Englischen Fräulein. Sie stand immer wieder im Kampf mit der kirchlichen Hierarchie und mit den Vertretern der konventionellen Orden um eine neue Lebensform „zur Ausübung jener Werke der Nächstenliebe, die innerhalb der Klöster nicht unternommen werden können“, besonders auch für die christliche Mädchenbildung. Ihr Verhalten gegenüber den Anfeindungen, die sie dabei auszustehen hatte, beweist eine außergewöhnliche Widerstands- und Durchhaltekraft. Es wäre grotesk, bei dieser Frau von einem „Auslöschen der Person" zu sprechen, obwohl Scheitern und Demütigung, ja die Gefangenschaft in einem Klarissenkloster zum Schicksal der „Ketzerin" gehörten. Ihr Mut, immer wieder neu zu beginnen, war ungebrochen. Ihr Weg hat sie zu einer Vorkämpferin für die Rechte der Frauen gemacht; damit war sie ihrer Zeit weit voraus. Auf die verächtliche Bemerkung eines Jesuiten, der Eifer der „Englischen Fräulein" werde bald verpuffen, sie seien ja „doch nur Weiber", äußerte sie spontan, daß „Frauen die Wahrheit ebensogut besitzen können wie Männer": „Wenn wir versagen, geschieht es deshalb, weil die Wahrheit nicht in uns ist, aber nicht, weil wir Frauen sind."

Dasselbe könnte man auch von Jeanne d'Arc sagen, die als 17jähriges Mädchen einen langen schlimmen Krieg beenden wollte. Im Gehorsam gegen Gottes Führung ist sie in den Tod gegangen. An ihr wird sichtbar, wie Gott auch Frauen dazu berufen kann, in die verfahrene politische Situation ihrer Zeit einzugreifen, um sie durch realistischen Dienst zum Frieden zu wenden.

Johanna, Maria Ward, Caterina von Siena, Hildegard von Bingen, Birgitta von Schweden und Bernadette Soubirous stellen viele Spielarten „christlicher Selbständigkeit" dar. Bemerkenswert ist auch, daß die Ehen der meist so früh verheirateten mittelalterlichen Fürstinnen fast alle nicht nur gut und harmonisch, von menschlich-ehelicher Liebe erfüllt, aber auch „partnerschaftlich" waren – oder daß sie es doch durch die verwandelnde Liebe der Frauen allmählich wurden. Weil die fürstlichen Männer meist ein gefährliches und kriegerischen Leben führten, wurden diese Ehefrauen alle sehr früh zu Witwen. Vor der Liturgiereform des Konzils wurden nur Jungfrauen und Witwen unter den Kategorien der Heiligen genannt. Das heißt aber nicht, daß diese heiligen Frauen faktisch erst als Witwen den Weg der Heiligkeit begonnen hätten. Eher könnte man vermuten, daß man früher der Ansicht war, „normales" eheliches Leben vertrage sich nicht mit Heiligkeit. Dem widerspricht entschieden die Liebesehe einer Elisabeth von Thüringen oder einer Kunigunde.

Bei der heiligen Monika, Mutter des Augustinus, sind wir gewohnt, sie nur in ihrer Beziehung zu ihrem großen Sohn und Kirchenlehrer zu sehen. Die am Anfang ihrer Biographie berichtete Episode zeigt, daß sie auch durch ihre eigene Berufung eine bedeutende Frau war. Es ist interessant, daß sie sich selbst über sich zunächst klischeehaft und abwertend äußert, so wie man damals die Stellung der Frau beurteilte. Augustinus dagegen, der durch seine zeitbedingten Äußerungen sehr viel zur Diskriminierung der Frauen beigetragen hat, reagiert der Mutter gegenüber ganz anders: er will sie in seinem Buch nicht wegen der Beziehung zu ihm, sondern wegen ihrer Weisheit erwähnen.

Franziska von Chantal scheint sehr von ihrem männlichen Freund und Seelenführer Franz von Sales abhängig gewesen zu sein. Aber aus den Briefen beider wird doch deutlich, daß sie ihm durchaus mit ihrer eigengeprägten Begabung und Spiritualität gegenübertrat. Franz übernahm zögernd von ihr Züge einer mystischen Frömmigkeit, und Franziska hatte großen Anteil am Entstehen seines Werkes über die Gottesliebe.

Gertrud von le Fort macht darauf aufmerksam, daß bei den Klostergründungen heiliger Paare stets die Männer den Frauen voraus waren. Daß das aber auch anders sein konnte, zeigte sich bei der Beziehung zwischen Teresa von Avila und Johannes vom Kreuz: da war sie die Ältere und zunächst auch die Führende. Im übrigen sind diese Freundschaften eine Vorwegnahme der partnerschaftlichen

Zusammenarbeit zwischen Frauen und Männern in der Kirche von heute, wenn sie da auch längst noch nicht in dem Maße geübt wird, wie wir es wünschen und erhoffen.

Auch wo die These von der inneren Selbständigkeit der heiligen Frauen fraglich zu werden scheint, ist sie – mehr oder weniger ausgeprägt oder verborgen – doch immer wieder nachzuweisen. Die Entfaltung zum heiligen Menschen in Freiheit und Radikalität bedingt und fördert die Entfaltung zur freien selbständigen Frau. Das Johannes-Wort „Die Wahrheit wird euch frei machen" (Joh 8, 32) gilt hier insofern, als der Weg zur Heiligkeit der Weg in die Wahrheit der Person ist, wie Gott sie entworfen hat und wie sie immer wieder durch das eigene Versagen verfälscht und getrübt oder durch die Zwänge der Umwelt eingeschränkt wird.

Das Wort Léon Bloys: „Plus une femme est sainte, plus elle est femme" (Je mehr eine Frau heilig ist, desto mehr ist sie Frau), werden wir heute als Bestätigung der Erkenntnis von der nicht auf den Mann bezogenen Eigenständigkeit heiliger Frauen verstehen. Gertrud von le Fort (für die die Frau die „unsichtbare Hälfte des Seins" vertritt) hat es noch so gedeutet, daß die Frau nur „Spiegel des Göttlichen" für den Mann sei. Dante aber sieht in Beatrice, „während ihr Auge unverwandt auf Gott gerichtet" bleibt, „nicht das Göttliche in der Frau, sondern er sieht Gott, weil sie auf Gott blickt".

Bei allen Heiligen – Männern und Frauen – bleibt jedoch die Spannung zwischen der Entwicklung ihrer von Gott geschenkten Anlagen und Gaben, ihrer „Selbstverwirklichung" – und der harten Askese, durch die sie in der Kreuzesnachfolge das „Ausleben" aller menschlichen Möglichkeiten immer wieder begrenzen. Diese Rechnung geht heute so wenig auf wie bei den Königinnen, Kaiserinnen und Fürstinnen des Mittelalters. Umgekehrt aber ist es das

Geheimnis Gottes, daß er auch da, wo die menschlichen Voraussetzungen, wo intellektuelle Begabung und Bildung von Haus aus klein und arm sind, Menschen berufen kann, für seine Heiligkeit leuchtendes Zeugnis zu geben.

Karl Rahner sagt, die kanonisierten Heiligen seien „die Initiatoren und die schöpferischen Vorbilder der je gerade fälligen Heiligkeit, die einer bestimmten Periode aufgegeben ist". Gewiß darf man solch ein Wort nicht pressen, aber für unsere Frage ist es doch ein Schlüsselwort. Es klingt darin zugleich an, daß die Heiligen immer auch in die Öffentlichkeit hineinwirkten, auch wenn sie die Hauptzeit ihres Lebens im Kloster verbrachten. Keiner ist für sich selber heilig.

Den Frauen der patriarchalischen Jahrhunderte wurde die Emanzipation ihrer Person gleichsam „hinzugegeben" – sie wurde zu einem Wesensmerkmal ihrer Heiligkeit –, wenn sie zuerst das Reich Gottes suchten. Nach der Weisung des Herrn bleibt das auch für uns heute das Erste. Aber die Frauen unserer Zeit haben zu beachten, daß das Wort weiter von der „Gerechtigkeit" des Gottesreiches spricht. Sie haben die erste Frauenbewegung hinter sich und stehen in der zweiten mittendrin, sie haben das Beispiel der heiligen Frauen. Sie können sich heute nicht mehr um das Reich Gottes mühen, ohne sich zugleich bewußt, in Liebe und ohne Machtstreben, um seine Gerechtigkeit zu mühen, sie ist ein Teil dieses Reiches der Liebe und des Friedens. Das schließt ein, auch um die Befreiung ihres Geschlechtes zu kämpfen, die Papst Johannes XXIII. in der Enzyklika „Pacem in terris" zu den „Zeichen der Zeit" gerechnet hat. Die Entdeckung ihrer eigenen Wahrheit wird sie dazu frei machen, auch in anderen Bereichen Gottes Wahrheit zu suchen: sich seinem immer neuen und immer wieder anderen Ruf zu öffnen, um so das Angesicht der Kirche erneuern zu helfen.

Die erste christliche Zeugin – Maria von Magdala

Daß Jesus nach seiner Auferstehung zuerst einer Frau erschienen ist, berichten uns alle vier Evangelisten. Was das aber faktisch bedeutet, ist mir erst beim diesjährigen Osterfest richtig aufgegangen. Durch besondere Beschäftigung mit der Situation der Frauen in der Kirche war ich dafür sensibel geworden, was aus den biblischen Berichten über Frauen für uns herauszulesen ist. So habe ich mich einmal mit den Ostergeschichten näher befaßt. Da begegnen uns Frauen bei allen vier Evangelisten. Im ältesten Osterzeugnis, dem ersten Brief des Apostels Paulus an die Gemeinde in Korinth, ist allerdings überhaupt keine Frau erwähnt. Paulus nennt Petrus als den ersten, dem Christus erschienen sei. Die Evangelisten dagegen sind sich darin einig, daß er zuerst der Maria von Magdala erschienen sei, bei Markus und Johannes erst ihr allein, bei Matthäus zusammen mit einer anderen Frau, bei Lukas mit mehreren zusammen. Diese und andere Unterschiede und Überschneidungen in den Osterberichten haben mich zunächst irritiert: Warum erzählen Matthäus und Markus von einem Engel, Lukas und Johannes dagegen von zweien, die den Frauen teils „Furcht und Schrecken" einjagten, teils sie durch ihre Botschaft „mit großer Freude" erfüllten? Warum sind es einmal zwei Frauen, die sich am frühen Sonntagmorgen aufmachen, um Jesu Leichnam zu salben, ein anderes Mal drei, bei Lukas eine ganze Gruppe und bei Johannes nur Maria von Magdala allein? Aber schließlich wurde mir klar: hier trifft in verstärktem Maß das zu, was für den Umgang mit der Bibel überhaupt gilt: „Die Evangelisten haben ihnen überlieferte und durch die Überlieferung bereits geformte Erzählungen aufgegriffen, um in der Form und Sprache ihrer Zeit die Tatsache und Bedeutung der Auferstehung zu bezeugen. Gerade bei den Osterberichten muß die Eigenart der Evangelisten berücksichtigt werden, die keine Protokolle sein wollen im Sinn moderner Geschichtsschreibung, sondern Verkündigung" (Jakob Kremer, Das Katholisches Bibelwerk Stuttgart). Jeder Evangelist hebt in seiner Schilderung die Züge heraus, die ihm besonders am Herzen liegen; dabei mag sich in seiner Erinnerung manches verschoben haben oder auch im Prozeß der Überlieferung manches hinzugefügt oder abgewandelt worden sein. Gerade wenn wir Frauen bemüht sind, die Aussagen der Bibel sehr genau zu lesen, sollten wir das bedenken.

Wir müßten bei unserer Arbeit mit der Schrift aber auch hellhörig werden für das, was sich in den verschiedenen Schrifttexten an nicht mehr rational Faßbarem entdecken läßt, es kann unser Leben mit und aus der Schrift sehr bereichern. So fiel mir in den Texten des Johannes schon früh die eigentümliche Hintergründigkeit seiner Gedankenführung und seiner Sprache auf. Seine Evangelienberichte faszinierten mich immer wieder, weil persönliche Erfahrung und Betroffenheit darin anklangen. Ich spürte darin etwas von „weiblicher" Zartheit und Innigkeit. Wie war es möglich, daß solche nicht präzis zu umschreibenden Eindrücke durch fast 2000 Jahre hindurch erhalten blieben, trotz aller Übersetzungen? Es frappierte mich, als ich damals bei Matthias Claudius, dem evangelischen Pfarrer und volksnahen Schriftsteller, etwas von dieser Beobachtung wiederfand. Er schrieb vor etwa 200 Jahren: „Ich habe von Jugend auf gern in der Bibel gelesen, für mein Leben gern. Es stehen solch schöne Gleichnisse und Rätsel drin, und das Herz wird einem danach so recht frisch und mutig. Am liebsten aber lese ich im Sankt Johannes. In ihm ist so etwas ganz Wunderbares – ..., so etwas Schwermütiges und Hohes und Ahnungsvolles, daß man's nicht satt werden kann. Es ist mir immer beim Lesen im Johannes, als ob ich ihn beim letzten Abendmahl an der Brust seines Meisters vor mir liegen sehe, als ob sein Engel mir das Licht hält und mir bei gewissen Stellen um den Hals fallen und etwas ins Ohr sagen wolle. Ich versteh' lang nicht alles, was ich lese, aber oft ist's doch, als schwebte es fern vor mir, was Johannes meinte; und auch da, wo ich in einen ganz dunklen Ort hinein sehe, hab' ich doch eine Vorempfindung von einem großen herrlichen Sinn, den ich einmal verstehen werde, und darum greif' ich so nach jeder neuen Erklärung des Johannes."

So habe ich auf der Suche nach einer „existentiellen" Deutung der Rolle der Frauen im Ostergeschehen auch nach dem Bericht des Johannes gegriffen und habe darin die Geschichte von der Begegnung mit Maria Magdalena (20, 11–18) mit ganz neuem Verständnis gelesen. Nach allem, was wir in den letzten Jahren über die Stellung der Frau zur Zeit Jesu gesprochen oder gelesen haben, wird mir immer mehr klar: Der Bericht des Johannes über Jesu Anruf und Auftrag an Maria von Magdala schildert ein ganz unerhörtes Geschehen, das bei vielen seiner Zeitgenossen sicher Anstoß erregt hat. Dabei war man von dem Rabbi aus Nazareth ja schon manches Provozierende gewohnt, gerade im Umgang mit Frauen. War er nicht auch solchen, die nicht den besten Ruf hatten, schon früher mit großer Unbefangenheit und Souveränität begegnet: der Ehebrecherin, der Frau am Jakobsbrunnen, der „Sünderin", die in das Haus des Pharisäers Simon kam und Jesus salbte.

Daß diese nicht mit Namen genannte Frau (eine Prostituierte, eine „Hetäre"?) nach ihrer Bekehrung Jesus ähnlich dankbar war und mit ähnlich großer Liebe an ihm hing wie Maria von Magdala, die er von einer schweren psychischen Krankheit geheilt hatte (er habe ihr sieben Dämonen ausgetrieben, sagt Johannes), mag die Ursache dafür sein, daß lange Zeit und auch heute noch Maria aus Magdala und die büßende Sünderin als ein und dieselbe Person angesehen werden. Die Theologinnen Elisabeth Gössmann und Elisabeth Moltmann-Wendel dagegen setzen sich nachdrücklich für eine „Entflechtung" der Elemente ein, die Maria Magdalena Jahrhunderte lang zu einer „weiblichen Idealgestalt" gemacht hätten, die „die Reue der Sünderin", „die Liebe der Maria von Magdala" und oft auch noch „den Eifer der Maria von Bethanien" „harmonisch in sich vereinigt" habe. Als ich bei Lukas noch einmal den Bericht über die Sünderin, die Jesus salbte (Lk 3, 36 ff.), und den über Maria von Magdala und die anderen Frauen in Jesu Gefolgschaft nachlas (Lk 14, 1 ff.), konnte ich keinen Anhaltspunkt dafür finden, daß die beiden Frauen identisch seien, gerade weil die beiden Berichte unmittelbar aufeinanderfolgen. Aber auch das Gegenteil – daß sie nichts miteinander zu tun hatten – ist dem Text nicht eindeutig zu entnehmen.

Die biblische Maria aus Magdala ist Jesus eng verbunden, sie hat ihre ganze Existenz auf ihn gesetzt. Wie gut kann man das verstehen, wenn man sich vorstellt, daß Jesus sie durch die Heilung von schrecklichen Zwangszuständen dazu befreit hatte, „wieder sie selbst zu werden" (E. Moltmann). Sie war mit dem Rabbi Jesus, der die Botschaft vom Reiche Gottes verkündigte, und den zwölf Aposteln sowie einer Gruppe von Frauen, die ähnliche Heilungen erfahren hatten wie sie selbst, durchs Land gezogen. Nach der Andeutung des Lukas müssen die Frauen in der Begleitung Jesu für sein leibliches Wohl gesorgt und sich auch finanziell für die Gruppe engagiert haben; ganz gewiß aber haben sie auch bei jeder Gelegenheit seinen Worten fasziniert gelauscht.

So hatte Maria sicherlich viel davon begriffen, daß in Jesus das lange verheißene Reich Gottes angebrochen war. Aber obwohl er diesen ihm nahestehenden Frauen doch ganz klar nicht nur seinen Tod, sondern auch seine Auferstehung vorausgesagt hatte (Lk 24, 6–8), konnte sich Maria nach dem Bericht des Johannes beim Anblick des leeren Grabes, ja selbst beim ersten Anblick des geliebten Meisters noch nicht zum voll verstehenden Glauben durchringen; erst als er sie beim Namen rief, fiel es ihr wie Schuppen von den Augen, und sie erkannte ihn. Nun will sie spontan seine Füße umfassen, wie sie es aus der Zeit vor seiner Passion gewohnt war: alles würde nun wieder sein wie damals; sie würde wieder die Seligkeit seiner Nähe und die alte Vertrautheit erfahren dürfen. Doch da kommt die Zurückweisung, wie sie ähnlich Maria, die Mutter Jesu, vom zwölfjährigen Sohn oder vom erwachsenen Jesus am Beginn seiner Wundertätigkeit bei der Hochzeit zu Kana erfahren hatte: jedesmal, wenn sie ihn eingrenzen wollte auf die nur menschliche Dimension seiner Sendung und ihrer Beziehung. So muß nun auch Maria von Magdala schmerzlich erkennen, daß nicht nur für den Meister, sondern auch für ihre Beziehung zu ihm nach der Erschütterung von Tod und Auferweckung eine Verwandlung geschehen, ein neuer

Anfang gesetzt ist: Er lebt jetzt in der Phase des Übergangs, sein Erlösungsweg ist erst zu Ende gegangen, wenn er aufgestiegen sein wird zu seinem Vater, der jetzt zugleich auch „euer Vater“, der Vater der Jünger geworden ist, die er als seine Brüder bezeichnet.

Maria nimmt teil an dieser Sendung, sie ist die erste Verkündigerin an die Jünger. Heinrich Spaemann sagt dazu: „Unwillkürlich denkt man an den Ausruf des Paulus: „Bin ich nicht Apostel, habe ich nicht den Herrn gesehen?“ (1 Kor. 9, 1) Was den Apostel ausmacht, das wird auch Maria geschenkt, und zwar noch vor den Aposteln. Und was ihr der Herr, den sie als erste sieht, gesagt hat, soll sie weitersagen. Die Befreiung und Erhebung der Frau aus einer Jahrtausende währenden Eingrenzung ihres Selbstandes in die volle uneingeschränkte Würde des Menschseins, der Gotteskindschaft und des Apostolats bekommt in diesem Satz ihre göttlich inspirierte Urkunde („Drei Marien“).

Zwar hatten auch die Emmausjünger Jesus gesehen, doch sie hatten länger gebraucht, bis sie zu diesem Glauben an die Auferstehung durchstießen. Auch sie hatten, wie die anderen männlichen Jünger, dem Erlebnis der Frauen nicht getraut. Jesus selbst vermochte sie auch durch eine ausführliche Schriftdarlegung nicht zum Glauben zu bringen. Was Verstand und Bewußtsein, ja selbst Gespräch nicht erreichten, das gelang schließlich durch eine einfache Geste. Zwar hatte ihr Herz schon bei seiner Schriftauslegung ahnungsvoll „gebrannt“, jetzt wurde es durch die Bewegung des Brotbrechens in der Tiefendimension des Unbewußten so angerührt, daß sie ihn erkannten. Bei Maria, bei der Frau, ging alles viel einfacher und konzentrierter zu: Jesus führte kein eigentliches Gespräch mit ihr, fragte sie nur, wen sie suchte, und als sie ihn daraufhin noch nicht erkannte, rief er sie bei ihrem Namen: „Maria!“ Das muß ihr bis ins Innerste gedrungen sein und sie zutiefst getroffen haben, so daß sie nur noch mit dem Antwortruf „Rabboni!“, mein Meister!, reagieren konnte.

Bei der Beschäftigung mit Maria von Magdala kann uns aufgehen, wie wir heutigen Frauen uns in dieser Maria wiederfinden dürfen: Wie sie haben wir einen Auftrag erhalten und neu entdeckt, den Auftrag zum Zeugnis von dem, was wir erfahren haben. Bei vielen von uns ist der oft schmerzliche Prozeß, der zum vollen und für unser Christentum entscheidenden Osterglauben führt, mehr durch konkrete Erfahrungen, durch Begegnungen gekennzeichnet als durch verstandesmäßige Auseinandersetzung mit den Glaubenswahrheiten. Ohne die geht es freilich auch nicht. Wie oft begegnet uns Jesus – in der Gestalt des Bruders, der unserer Hilfe bedarf, in der Gemeinschaft mit zweien oder mehreren, mit denen wir in seinem Geist beisammen sind – und wir erkennen ihn nicht. Erst wenn er uns beim Namen ruft – so, daß wir spüren: hier bist du ganz persönlich und einmalig nur du gemeint –, erst dann horchen wir auf und begreifen: Dieser Schicksalsschlag, der mit einem Mal alles ändert, dieses schmerzliche Loslassen, um neu zu beginnen, diese überraschende freudige Nachricht – sie machen das Herz frei für das Ja zu der Botschaft, mit der Jesus uns treffen will; und möglicherweise will er durch uns auch andere treffen – Frauen und Männer. Mag man manche unserer neuen Entdeckungen in der Schrift mit „Weibergeschwätz“ abtun, wie seinerzeit die Apostel – wir dürfen vertrauen, daß der Gottesgeist uns immer neu die Kraft zum Zeugnis geben wird, auch und gerade, wenn wir uns elend und „am Ende“ fühlen wie Maria von Magdala. Nicht nur die Annahme, auch die Weitergabe der Botschaft wird uns heute oft mehr durch unser Leben, unsere Präsenz und unser Engagement, mehr durch die Vermittlung von Erfahrungen aufgetragen sein als durch bewußte Weitergabe der christlichen Lehre. Aber die große Freude über die Osterbotschaft: „Der Herr lebt, und auch wir werden leben", müßte in diesem Zeugnis zu spüren sein – trotz aller unserer Ängste und Nöte, die in einer oft schwer erträglichen Spannung dazu stehen.

Ein mühsamer Weg zu einer „Gotteslehrerin" für heute – Therese von Lisieux

Als ich mir Therese Martin (1873–1897), die „kleine heilige Theresia vom Kinde Jesu" für einen Beitrag zu dem Buch „Gotteslehrerinnen" aussuchte, da meinte ich von vornherein eine andere Theresia als die der vielen süßlichen Bilder und Statuen, die vom Geschmack ihrer Zeit geprägt sind. Ein Photo-Bildband „Theresia von Lisieux, wie sie wirklich war", mit überraschenden und bewegenden Photos aus verschiedenen Lebensaltern, die zugleich interessante Einblicke in die Welt ihres Karmel-Klosters vermitteln (alle von der leiblichen und zugleich klösterlichen Schwester Céline aufgenommen), hatte mich neugierig gemacht, die wahre Therese auch im Zeugnis ihrer Schriften zu entdecken. Es reizte mich dann auch, mich ausführlicher über Theresias „Lehre" vom „kleinen Weg" zu informieren, der mir nach allem, was ich davon wußte, als genial einfach und als einleuchtend erschien: Die Offenheit und Sensibilität für den konkreten Willen Gottes in jeder Stunde des Alltags, verbunden mit der Initiativkraft, diesen Willen zu realisieren, hat Theresia – so sah ich es damals – herausgearbeitet und vorgelebt: als eine nachvollziehbare Möglichkeit der Jesus-Nachfolge für alle, auch gerade für die einfachen und „gewöhnlichen" Christen: „Alles, was ich getan habe, muß den kleinen Seelen erreichbar sein."

Die erste Entdeckung war, daß die Anspielung auf Theresias Selbständigkeit in der Liturgie ihres Festes („Der Herr allein war ihr Führer" heißt es im Eingangsvers des Meßformulars) wörtlich zu nehmen ist: die junge Frau, die mit 15 Jahren in das streng von der Welt abgeschlossene Kloster des „Karmel" eintrat und mit 24 Jahren starb, hat ihre „Lehre" tatsächlich ganz aus sich heraus niedergeschrieben und gelebt, ganz ohne männlichen geistlichen Berater oder „Seelenführer", wie sie gerade für Frauen in der Kirche üblich waren. „Mein Herz wandte sich schon bald (Jesus) dem Seelenführer vor allen anderen zu. Und er war es, der mich in diese Wissenschaft einwies, die den Klugen und Weisen verborgen bleibt und die er den Kleinsten in seiner Güte offenbart!"

Theresia hat auf Geheiß ihrer Oberin die Geschichte ihres Lebens und ihrer religiösen Erfahrungen niedergeschrieben. Nach ihrem Tod haben ihre Mitschwestern, vor allem ihre leiblichen Schwestern, von denen drei mit ihr im gleichen Kloster waren, in dem Manuskript herumkorrigiert, es geglättet und geschönt, um es für viele Leser mundgerechter zu machen. Die gelegentlich geradezu kitschige Ausdrucksweise dieser überarbeiteten Texte hat viel zu den Vorbehalten beigetragen, die nicht wenige Christen gegenüber Theresia haben. Das gilt besonders für die Bekenntnisse in ihren autobiographischen Schriften, früher „Geschichte einer Seele" betitelt, aus denen auch die meisten hier angeführten Zitate stammen. Dieser Text liegt aber nun in der authentischen Fassung vor, seit 1958 auch in deutscher Übersetzung, gereinigt von den Überarbeitungen der Schwestern. Der Theologe Hans Urs von Balthasar sagt dazu im Vorwort: „Was von unbegreiflicher Überkleisterung befreit uns entgegentritt, ist etwas Jugendfrisches,

Spontanes, erschreckend Hüllenloses, das sich so sorgenfrei nur geben kann, weil es sich unangreifbar geborgen weiß in den Schleiern der Gnade."

Da aber Theresia selber in ihrer Ausdrucksweise ein Kind ihrer Zeit und ihrer Nation war, haftet natürlich auch den „entschminkten" Texten noch manches von dem „blumigen", oft überschwenglichen Sprachstil des französischen Katholizismus im ausgehenden 19. Jahrhundert an. Doch wenn man das einkalkuliert, dann löst sich um so eindrucksvoller der Kern vieler oft origineller und treffender Bilder Theresias aus der Schale der Konvention.

Das Unbehagen, das mir jedoch auch nach der Entfernung der Überarbeitungen verblieb, lag anderswo: Ist und war das Bejahen, ja das Herbeiwünschen von Demütigungen und Selbsterniedrigung, vor allem in der Autobiographie (die bald in Millionenhöhe verbreitet und bereits vor der Heiligsprechung [1925] in 35 Sprachen übersetzt war), nicht eine Gefahr für fromme Frauen, die sich selbst unterdrückt und minderwertig erfahren und sich nicht dagegen wehren? Ohne Zweifel war die „Geschichte einer Seele" schon im ersten Drittel unseres Jahrhunderts von vielen Frauen als Bestätigung ihrer eigenen Unterwürfigkeit mißverstanden worden; so etwa das Wort: „Sein Recht suchen, das bedeutet: zum Nachteil seiner selbst handeln."

Das wurde für mich zum Problem – und das hat mich monatelang für die Realisierung meines Vorhabens völlig blockiert und hätte mich beinahe scheitern lassen. Es war ein mühsamer Prozeß, bis ich das extreme, immer wieder neu geforderte „Loslassen" bis zum Verleugnen des eigenen Ich in seiner theologischen, ja mystischen Dimension verstand und in den gesamten Kontext der theresianischen Spiritualität positiv einordnen konnte. Erst dann konnte ich sie ja auch als eine Gotteslehrerin interpretieren, die man ernst nehmen kann und sollte. Ich möchte diesen Prozeß nun beschreiben.

Was soll man etwa zu folgender Äußerung Theresias sagen: „Seit einiger Zeit habe ich mich dem Kind Jesus angeboten, sein kleines Spielzeug zu sein. Ich sagte ihm, es solle sich meiner nicht wie eines wertvollen Spielzeugs bedienen, das die Kinder nur anschauen, das sie aber nicht anzurühren wagen, sondern wie eines kleinen Balls von keinerlei Wert, den sie auf den Boden werfen, mit dem Fuß stoßen, durchbohren, in einer Ecke liegen lassen oder an ihr Herz drücken können, wenn es ihnen Freude macht ..." Mit der Priorin eines Karmel-Klosters sprach ich über diese und ähnliche für uns schwer nachvollziehbare Äußerungen. Sie meinte, Theresia wisse genau, daß Gott nie und nimmer jemand zum Willkür-Objekt mache; es gehe hier um ein „Miteinander-Spielen im lautersten, zärtlichen Sinn", und die Vorstellung von einem Gott schwinde, demgegenüber man etwas (Tugendhaftes) zu leisten habe.

Ob das eine Deutung ist, die überzeugt oder nicht – in jedem Fall ist es eine wichtige Erkenntnis, daß Theresia sich absetzt vom Leistungsdenken der Frömmigkeit ihrer Epoche, auch von der Übung strenger Askese und dem Willenstraining in Tugendübungen, wie sie damals gerade in den Karmel-Klöstern eine Rolle spielten. „Es gibt Heilige, die haben in ihrem Leben erstaunliche Werke der Abtötung erbracht, um für ihre Sünden zu büßen. Doch was wollen Sie? ‚Im Haus meines Vaters sind viele Wohnungen.' Jesus hat das gesagt, und darum folge ich dem Weg, den er mir zeigt ..." Oder: „Man ist glücklich, wenn man sich schwach und elend fühlt. Denn je eher man das demütig anerkennt, ohne Gegenleistung alles von Gott erwartet, ohne irgendein Verdienst von unserer Seite, desto mehr neigt sich Gott zu uns herab, um uns großzügig mit seinen Gaben zu überhäufen."

Wenn es nicht so abwegig wäre, könnte man es fast als einen genialen „Trick" ansehen, wie Theresia, die von Natur aus ein kräftiges Selbstgefühl hat, durch die Preisgabe des eigenen Ich sich mit dem Bewußtsein, daß Gott in ihr Großes wirkt, ein neues, verwandeltes, kindlich unbefangenes und nicht mehr von Schwankungen bedrohtes Selbstgefühl aneignet: „Nein, ich glaube nicht, eine große Heilige zu sein! Ich glaube, eine ganz kleine Heilige zu sein. Aber ich denke, daß es Gott gefallen hat, in mich Dinge zu legen, die für mich und die anderen gut sind." Ein Jahr vor ihrem Tod schreibt sie, außer der Berufung zur Karmelitin fühle sie noch andere Berufungen in sich: „Ich fühle in mir die Berufung zum Krieger, Priester, Apostel, Kirchenlehrer und Martyrer ..."

Dieses umgewandelte Selbstbewußtsein, vor allem aber die Züge innerer Selbständigkeit (daß sie „mit den Waffen ihrer Zeit gegen ihre Zeit kämpft") wurden mir noch deutlicher in der Auseinandersetzung mit der differenzierten und einfühlsamen Untersuchung des Theologen Hans Urs von Balthasar: „Therese von Lisieux – Geschichte einer Sendung" (1950). Es ist interessant, daß er darin Theresias Sendung große Bedeutung zumißt, aber doch eine wesentliche Begrenzung ihres theologischen Horizontes sieht: sie habe „das Trinitarische und damit im Grunde den Geist nicht zu Gesicht bekommen". Der Jesuit Balthasar begründet das damit, daß sie „in kein lebendiges Verhältnis zum kirchlichen Amt kommt; ihre einzigen Vertrauten bleiben nach ihrem Vater ihre Mitschwestern; mit einem Beichtvater kam es nie zu einem zugleich amtlichen und subjektiv-lösenden Austausch ... Therese, die zu ihren Schwestern statt zu ihrem Beichtvater gesprochen hat, hat sich an Befugnislose gewendet, die darum auch nicht die Macht hatten, sie zu öffnen. So liegt ihre Sendung anderswo: in der Erklärung des ‚kleinen Weges' ". Diese einschränkende Beurteilung eines Amtsträgers ist für uns heute, die wir die Bedeutung des Amtes in der Kirche anders sehen und insofern relativieren, eher eine Bestätigung von Eigenständigkeit und von Konzentration Theresias auf das, was sie selbst und allein mit großer Sicherheit als ihren Auftrag von Gott erkannt hat.

Um Theresias Bedeutung für die Kirche vor 100 Jahren besser auf die Spur zu kommen, ist es nötig, über die Informationen durch ihre Schriften und die Zeugnisse der Mitbeteiligten hinaus noch mehr über das „Ambiente" in ihrem kargen Leben zu erfahren: über die Zeitumstände, die Umwelt des Karmel-Milieus und die gesellschaftliche Situation in einer normannischen Provinzstadt am Ende des 19. Jahrhunderts. Dazu fand ich viel Wichtiges in dem Buch des französischen Jesuiten und Psychotherapeuten François Six. Die deutsche Ausgabe trägt den bezeichnenden Titel: „Theresia von Lisieux, ihr Leben, wie es wirklich war". Es bringt nicht nur sehr konkrete Informationen über diese Zeit und diese Umwelt, sondern leuchtet kenntnisreich auch in schwer zu durchschauende Hintergründe von Theresias Leben und von ihren schriftlichen Aufzeichnungen hinein. Es macht auf Zusammenhänge aufmerksam, die ihre Sendung in neuem Licht erscheinen lassen.

Six erinnert daran, daß Marx, Freud und Nietzsche zur gleichen Zeit lebten und ein neues Zeitalter heraufführen halfen, in dem viele Menschen die Abhängigkeit von Gott und das christliche Sittengesetz aufkündigten. Die offizielle Kirche wurde damit nicht im Geiste Jesu fertig. Theresia wurde äußerlich nicht davon berührt, aber sie war von einzelnen Beispielen solcher Zeitgenossen, von denen sie hörte oder las, tief betroffen und reagierte gemäß ihren

Möglichkeiten. Six beschreibt ausführlich, wie diese junge Nonne dazu kam, sich mit dem dreifachen Mörder Pranzini als einem ihr von Gott gezeigten „Sünder" zu identifizieren. Sie betete inständig für ihn und durfte eine Art von „Bekehrung" des Mörders vor seinem Tod erfahren. Six: „Gegen die Gesellschaft ihrer Zeit und gegen die vorherrschende Mentalität der Christen, die sich selbst als gute Menschen einschätzen und jenen, die sie für ‚Sünder' halten, nämlich den Verbrechern und Prostituierten, mit tiefem Mißtrauen begegnen, adoptiert Therese Martin Pranzini, den größten Mörder ihrer Zeit."

Ein Jahr vor ihrem Tod sagt sie einem Missionar: als sie Karmelitin wurde, sei „ihr einziges Ziel gewesen, Seelen zu retten, ganz besonders die Seelen der Apostel". Sie meint damit das Gebet für die Priester, damals eine besondere Aufgabe der Karmel-Klöster. Theresia will nach ihren Worten „Apostel der Apostel sein". Auf ihrer Romreise – sie wollte vom Papst die Erlaubnis erringen, mit 15 Jahren in den Karmel einzutreten – erlebt sie, wie gefährdet doch die Priester waren, die sie bisher für heiligmäßige Christen gehalten hatte. Für sie wird auch diese Berufung konkret: Als sie von dem viel Aufsehen und Anstoß erregenden Weg des Priesters und Karmeliten Hyazinthe Loyson hörte, der nach vielen damals unerhört kühnen gescheiterten Reformversuchen die Kirche verließ und heiratete, begann sie sofort für ihn zu beten und setzte das bis zu ihrem Tode fort. Auch einen solchen Lebensweg eines „Apostaten" würden wir heute anders beurteilen; aber Theresias Lehre vom „kleinen Weg" erhält durch diese Beziehung und die zu Pranzini eine neue Dimension.

Theresias missionarische Solidarität mit Ungläubigen wird schließlich existentiell erfahren in der tiefen Finsternis der Gottferne, durch die sie in den letzten eineinhalb Jahren ihres

Lebens „die Nacht des Unglaubens voll und ganz begreift".

Dieses Phänomen erst erschließt das tiefste Geheimnis von Theresias Bedeutung für unsere Zeit, die immer mehr eine Zeit der Gottferne ist und zugleich eine Zeit der Sehnsucht nach Gott – der für viele „tot" ist. Dies gilt auch für die existentielle Erfahrung der Kirche. (Karl Rahner sprach davon, daß es „Winter" geworden sei in der Kirche; in seinen Schriften gebraucht er mehrmals den Ausdruck: „ein mystischer Christ oder keiner" im Hinblick auf die Zukunft des Christentums.)

Theresia notiert: „Jesus ließ mich spüren, daß es wirklich Seelen gibt, die den Glauben nicht haben ... Er ließ es zu, daß tiefste Finsternis über meine Seele hereinbrach." Und schließlich drei Monate vor ihrem Tod zu ihrer Schwester: „Wenn Du wüßtest! Die Argumente der schlimmsten Materialisten zwingen sich meinem Geist auf!" Und: „Ich glaube nicht mehr an das ewige Leben ... Alles ist verschwunden. Es bleibt nur noch die Liebe."

Neuer Aspekt der Mission: Solidarität und Liebe

Therese von Lisieux, die von Papst Pius XII. zur Patronin der Missionen ernannt wurde, teilt also auf ihre Weise das Leben und die Glaubensferne von Ungläubigen. Six sagt dazu: „Die bisherige missionarische Perspektive der Kirche, in der diese nur ein ‚bevormundendes Werkzeug der Mission' war, wird durch Therese umgedreht und richtiggestellt: Hier kann sie mit ihren 23 Jahren und ihrem Kinderherzen, mit ihrer Armut und ihren Schwächen zeigen, daß es (bei Mission) nicht in erster Linie um Werte, Programmierungen und Strategien geht, sondern um Liebe, Ungeschuldetheit und Freiheit. Das ist es, was Theresia erfaßt: ‚Ich verstand, daß die Kirche ein Herz hat und daß dieses Herz von Liebe glüht. Ich verstand, daß die Liebe allein die Triebkraft der Glieder der Kirche ist – daß, wenn die Liebe erlöschen sollte, dann die Apostel das Evangelium nicht mehr verkündigen und die Martyrer sich weigern werden, ihr Blut zu vergießen ... Ich verstand, daß die Liebe alle Berufungen in sich schließt, daß die Liebe alles ist, daß sie alle Zeiten und Orte umfaßt ...!"

Liebe ist – so wird nun deutlich – auch die Triebkraft des „kleinen Weges" der Nachfolge Jesu, der ohne sie übermäßige Selbstreflexion erfordern könnte (wie sie in der Tat eine Gefährdung Theresias war). Die Liebe ist der Schlüssel zu Theresias Berufung: „Endlich habe ich meine Berufung gefunden: meine Berufung ist die Liebe! ... nur die Liebe zählt!"

Trotz solcher hochgestimmten Aussagen bleibt Theresia nüchtern und realistisch auf das Annehmen der Begrenzungen in dieser Welt bedacht. Als die Schwestern ihr sagten, bei ihrem Tod würden die Engel mit Christus zu ihr kommen, antwortet sie: „Alle diese Bilder sagen mir nichts. Ich kann mich nur von der Wahrheit nähren. Daher habe ich auch nie nach Visionen verlangt ..." „Man kann auf Erden den Himmel und die Engel nicht so sehen, wie sie sind. Ich warte lieber bis nach meinem Tod." Dagegen verspricht sie, vom Himmel aus große Aktivität zu entfalten – für ihre Schwestern, Freunde und vor allem ihre Sorgenkinder: „Was mich zur himmlischen Heimat zieht, ist der Gedanke, daß ich eine Vielzahl von Seelen lieben lehren darf ... Ich verspreche euch, nach meinem Heimgang ... euch verkosten zu lassen, was immer man an Seligkeit verkosten kann, eine Freundesseele in seiner Nähe zu fühlen." Sie ist überzeugt, daß die „brüderliche Zärtlichkeit" der heimgegangenen Freunde noch größer sein werde, „als sie auf Erden war".

Es paßt zu diesen Vorstellungen, aber es ist erstaunlich

und neu für ihre Zeit, daß in der Todes-Problematik dieser Gotteslehrerin der strenge, richtende und strafende Gott überhaupt nicht vorkommt: der barmherzige Gott füllt alle Gedanken und Vorstellungen aus und beherrscht sie. Das ist ein ausgesprochen weiblicher Zugang; so ist denn auch Theresias Gottesbild stark von der Mütterlichkeit geprägt; sie sagt, der „gute Gott" sei „zärtlicher als eine Mutter" und verwendet die bekannten Bilder vom mütterlichen Verhalten Gottes aus der Bibel.

Theresia hat kaum etwas davon mitbekommen, daß Ende des 19. Jh.s zu ihren Lebzeiten die Frauen der Frauenbewegung in Deutschland um den Zugang der Mädchen zu den Bildungseinrichtungen und allen Berufen kämpften, aber auch um eine soziale Besserstellung im Berufsleben gegenüber den Männern. Im Frankreich der „Belle Époque" begannen zur gleichen Zeit einige Frauen gehobener Schichten, sich mit dem Problem der Rolle der Frau zu beschäftigen, allerdings mehr in gesellschaftlichem Rahmen. Six schreibt über diese kontrastreiche Situation: „Dieser kalten Welt der Belle Époque, dieser männlichen Welt, in der alles um Handel und Kauf geht, in der die Frauen so oft Objekte und nur selten Personen sind, stellt eine kleine Karmelitin ihre Wärme, ihre Zärtlichkeit, das Feuer ihrer Liebe entgegen."

Doch hat Therese Martin die konkrete Situation der Welt und der Frauen ihrer Zeit offenbar nicht interessiert; sie hatte keine Motivation, über die Rolle der Frauen nachzudenken; nur einmal klingt – mehr beiläufig – etwas davon an: auf der Romreise hat sie die italienischen Frauen beobachtet und sich ihre Gedanken gemacht: „Wie verachtet sind doch die armen Frauen! Und doch lieben viele von ihnen den lieben Gott mehr, als die Männer es tun, und während des Leidens unseres Herrn hatten die Frauen mehr

Mut als die Apostel ... Das ist zweifellos der Grund dafür, daß der Herr zuläßt, daß auf Erden Verachtung ihr Teil ist, denn er selbst hat sie für sich auserwählt ... Im Himmel wird er dann zeigen, daß seine Gedanken nicht der Menschen Gedanken sind, denn dann werden die Letzten die Ersten sein ..." Die ersten Sätze klingen fast feministisch, aber wir hoffen heute doch, daß der Ausgleich und die Vorliebe Gottes für die „armen Frauen" nicht erst in einer anderen Welt wirksam sein wird!

Im „Magnifikat", das Theresia viel bedeutet hat, trifft sich ihre Lehre von der Erwählung der Armen und Kleinen durch den barmherzigen Gott mit der Überzeugung von der Erhebung der Geringen und Unterdrückten in der Theologie der Befreiung und in der feministischen Theologie. Aber es ist da doch ein wesentlicher Unterschied, den wir zu beachten haben: Theresia denkt nicht an den Aufstieg der Kleinen, sie zielt auf das Annehmen und Fruchtbarmachen der Kleinheit, an einen Ausgleich im Himmel. Die feministische Theologie zielt auf das Emporkommen der verachteten Frauen und ihren partnerschaftlichen Einfluß in Kirche und Gesellschaft.

Theresia konnte den von ihr entdeckten Weg auf der Basis eines von Natur aus gesund entwickelten Selbstgefühls konsequent zu Ende gehen. Wo jedoch das Selbstgefühl von Frauen nie entfaltet oder aber so strapaziert wurde, daß sie sich selber als minderwertig vorkommen, da wäre es tatsächlich verhängnisvoll, Theresias Weg der demütigen Bekenntnisse und Anweisungen zum Kleinwerden als Aufforderung zu verstehen, das eigene Minderwertigkeitsgefühl anzunehmen und gutzuheißen. Frauen müssen sich selber erst einmal als vollwertige, von Männern innerlich unabhängige Menschen erfahren. Dann erst haben sie auch die Offenheit und den Mut für das Beschreiten des „kleinen

Weges", der Souveränität und Angstfreiheit voraussetzt. Und dann erst kann Theresias Lehre eine Brücke von volkskirchlicher, weiblich getönter Spiritualität über feministische Ansätze zu einer befreienden, radikal christlichen Existenz von wachen Frauen in der Nachfolge Jesu werden.

Den „kleinen Weg" zu gehen braucht viele Schritte; und wer wie Therese hellhörig geworden ist für den Willen Gottes – den dieser oft nur leise werbend zeigt –, muß damit rechnen, daß Gottes Angebote ihm Stufe für Stufe mehr zutrauen – und mehr zumuten. Die immer neue Preisgabe ihres irdischen Selbstgefühls, dieses „Sterben", schenkte Theresia „reiche Frucht": die Teilhabe an Jesu demütigem und zugleich hochgemutem Selbstgefühl.

Es fällt auf – und ist von uns nicht mitzuvollziehen, ja es könnte uns masochistisch erscheinen –, daß das Erfahren inneren und äußeren Leidens, daß die Akte der Selbstverleugnung, ja daß selbst die (scheinbare) Abwesenheit Gottes von Theresia immer positiv verarbeitet und für sie Anlaß zum Danken werden. „Sie meinten, ich trinke den köstlichen Likör, und doch war es nichts als Bitterkeit. Dennoch war mein Leben kein bitteres, denn ich wußte mir aus jeder Bitterkeit eine Freude und Süßigkeit zu machen." Six sagt dazu: „Diese Äußerung entspricht einer ihrer tiefsten Einsichten: der Umwandlung des Leidens in Freude! Dieses alogische, nicht faßbare Verhalten bildet eines ihrer wesentlichsten Geheimnisse!"

Das Bild vom Weizenkorn erinnert daran, wie sehr sich Theresia an der Schrift orientiert. Ohne exegetische Kenntnisse legt sie das Evangelium mit erleuchteter Nüchternheit aus. „Vor allem ist es das gesamte Evangelium, das mich während meiner Betrachtungen beschäftigt. In ihm finde ich alles, was meine arme kleine Seele braucht. Da entdecke ich immer wieder neue Erleuchtungen, verborgene und geheimnisvolle Bedeutungen." –

Als ich bei einer Arbeit über Maria, die Mutter Jesu, auf Theresias Äußerungen über diese stieß, war ich überrascht über soviel sympathische Ernüchterung. (Damals hatte ich die „andere" Theresia noch nicht richtig entdeckt.) „Wie gerne wäre ich Priester geworden, um über die Jungfrau Maria zu predigen! ... Man sollte von ihr keine unwahrscheinlichen Dinge sagen, Dinge, über die man nicht genau Bescheid weiß ... Man stellt sich die heilige Jungfrau als unnahbar vor; man sollte jedoch zeigen, daß sie – wie wir – aus dem Glauben lebte; man sollte dafür Beweise aus dem Evangelium bringen, wo wir lesen: ‚Sie (die Eltern Jesu) verstanden nicht, was er ihnen sagte.' Wenn man durch eine Predigt über die heilige Jungfrau gezwungen wird, von Anfang bis Ende innerlich ‚Oh! Oh!' zu rufen, dann fühlt man sich gelangweilt, und das fördert die Liebe keineswegs. Wer weiß, ob nicht irgendeiner eine gewisse Entfremdung einem so hervorragenden Geschöpf gegenüber empfindet!"

Als ich mich über ein Jahr lang um Theresia als Gotteslehrerin gemüht hatte, wurde ich aufmerksam gemacht auf die Diplomarbeit der feministischen Theologin Christine Wagner-Klix über „Die Aktualisierung der Theologie der Therese Martin im Horizont einer feministischen Theologie". Ich war überrascht über diese Gegenüberstellung: in einer wohlfundierten und gescheiten Arbeit werden dabei feministische Züge in der Theologie Theresias herausgefunden und herausgestellt. Zwar sind meine Ansätze und Akzente großenteils sehr anders; doch stellte ich erstaunt und erfreut fest, daß ich auf die gleichen feministischen Elemente der Gotteslehre Theresias gestoßen bin – nur habe ich sie nicht so deutlich als solche benannt: innere Selbständigkeit, Distanzierung vom Leistungsdenken, Unabhängigkeit vom kirchlichen Amt, missionarische Existenz, Primat des barmherzigen Gottes, dessen Option für Kleine und Schwache; Sinn für die Weiblichkeit Gottes, persönliche Auslegung der Schrift; eine Theologie aus der Erfahrung und dem Herzen, zentrale Bedeutung der Liebe.

Die Arbeit von Frau Walter-Klix legt für alle an der „Kleinen Theresia" Interessierten eine wichtige neue Sicht frei. Wohl wird der Heiligen vorgeworfen, für spezielle Frauenfragen und -probleme „blind" zu sein, und es ist von ihrer „Ignoranz" gegenüber feministischen Fragen die Rede; aber von ihrer Theologie wird gesagt, daß „ihr inhaltlicher Reichtum und ihre Tiefe Antwort geben auf das Suchen feministischer Theologinnen nach einem neuen theologischen Bewußtsein" und „eine Orientierung sein können jenen Feministinnen, die sich enttäuscht von der Theologie abwenden".

Ob das realistisch ist und ob nicht die beiden Theologien zu verschiedene Stoßrichtungen haben, vermag ich nicht zu beurteilen; immerhin schreibt die junge feministische Theologin: „Die Suche nach einer spezifischen Frauentheologie bzw. einer Theologie von einer Frau erarbeitet" ließ mich auf Therese Martin stoßen, die Heilige von Lisieux. Bei Theresia fand ich mein (feministisches) Interesse bestätigt."

Lebens-
Erfahrungen

Sanftes schwarzes Schaf

Abschiedswort Marianne Dirks' beim Ausscheiden aus dem Zentralkomitee der deutschen Katholiken im Dezember 1972

Es liegt nahe, daß ich aus Anlaß meiner letztmaligen Anwesenheit im Zentralkomitee an den Anfang meines Engagements in diesem Gremium denke – er fiel zusammen mit dessen Neukonstituierung zu Beginn der 50er Jahre. Damals wandelte sich das ZdK aus einem Gremium zur Vorbereitung der Katholikentage in eine Institution mit dem Anspruch, die politischen Vorstellungen der katholischen Laien und Laienverbände gegenüber dem Staat, der Kirche und der Gesellschaft zu vertreten. Mein Mann, der Mitglied des alten ZdK war, pflegte zu sagen, der Wandel, der sich da vollzogen habe, werde daran deutlich, daß er als kritischer Intellektueller heraus- und ich als Verbandsfunktionärin hineingekommen sei.

Als Vertreterin der katholischen Frauengemeinschaften und der Frauenbildungsarbeit habe ich mich in diesen 22 Jahren der Mitgliedschaft engagiert, so gut ich konnte; es war mir dabei immer mehr daran gelegen, den institutionalisierten Katholizismus von innen her lebendig halten zu helfen, als nach außen wirksam in Erscheinung treten zu lassen. Der Präsident, Heinrich Köppler, deutete in seinen freundlichen Dankesworten an, daß ich im ZdK immer ein bißchen eine Funktion wider den Stachel gehabt habe; in der Tat stellte ich immer wieder fest – und wunderte mich oft darüber –, daß meine Akzente etwas anders lagen als die der meisten Mitglieder – mehr auf spirituelle Erneuerung, auf pastorale oder auch missionarische Gesichtspunkte gerichtet, weniger politisch und von der Effizienz der Organisationen her orientiert. Dazu kommt, daß ich durch die intensive Auseinandersetzung mit der Position meines Mannes in vielen Fragen andere Ansatzpunkte mitbringe; das heißt durchaus nicht, daß ich mich in ehelicher Solidarität immer mit seiner Sicht identifizierte; aber es ergibt sich einfach, daß ich für das, was mir im Verhältnis zu Kirche und Glauben wichtig oder unwichtig erscheint, vielfach andere Aspekte mitsehe oder vordringlich sehe – und dann fairerweise auch vertreten muß.

Das brachte mich oft in eine Situation zwischen den Fronten. In früheren Jahren hat mich das sehr belastet; ich erinnere mich noch, wie ich darunter litt, als mein Mann in der Eherechtsreform-Diskussion der 50er Jahre gegen den Stichentscheid des Mannes eintrat und wie man sich mir gegenüber sehr darüber empörte. Ich bot damals Prälat Klens (dem Generalpräses) an, von meinem Amt als Präsidentin der Frauengemeinschaft zurückzutreten, weil ich dachte, daß ich nicht mehr tragbar sei. Er wies das weit von sich und meinte, das wäre dann ein Armutszeugnis für den Verband. Ähnlich reagierte in jenen Jahren Fürst Löwenstein (der damalige Präsident der ZdK), wenn ich gelegentlich einmal meinte, daß ich für das ZdK nicht mehr tragbar sei oder in eine schiefe Lage käme. (Er sagte freilich, die Art und Weise, wie ich problematische Argumente vorbringe, mache mich immer wieder tragbar!)

Seither habe ich nicht nur begriffen, daß es ja hier keine Sippenhaftung gibt, sondern ich sah meine Position immer mehr als Auftrag und notwendige Funktion im ZdK. Im Herbst 72 war es zwar nicht leicht, daß ich in der Abstimmung vor der Erklärung zur Bundestagswahl allein stand; aber ich dachte jetzt nicht mehr daran, meine Funktion in Frage zu stellen – nicht nur, weil Herr Beckel (ebenfalls ZdK-Präsident) mir nachher sagte, er finde es gut, daß jemand dagegen gestimmt habe: in England, von wo er gerade kam, werde immer gefragt: Findet sich niemand, der dagegen stimmt?

Allmählich habe ich immer besser gelernt, solche Spannungen auszuhalten. Ja, im Laufe der Jahre ging mir auf, daß mir im ZdK eine Art von Vermittlerfunktion zufiel – wenn auch mehr nur durch Präsenz als durch Reden oder gar geschicktes Taktieren, was ich in den über 20 Jahren nicht gelernt habe. In der letzten Zeit fand ich mich freilich gelegentlich in der Rolle eines relativ sanften schwarzen Schafes, das auch von sehr anders eingestellten Mitgliedern freundlich geduldet wurde, weil es ja ganz anders bockig oder aggressiv hätte sein können.

Jedenfalls hat mich das Bewußtsein, zwischen den Fronten der institutionalisierten und der kritischen Erneuerer vermitteln zu sollen, auch 1968 bewogen, für das Präsidium zu kandidieren – und es hat mich immer wieder im ZdK gehalten, wenn ich einmal Streikgelüste hatte. Ich möchte heute aber auch nachdrücklich sagen, wie sehr ich mich von allen drei Präsidenten in dieser Funktion aufgenommen und angenommen fühlte; und nicht nur von den Präsidenten: ich habe mich besonders gefreut, als Generalsekretär Kronenberg mir zum 60. Geburtstag im Sommer schrieb, daß er mir besonders dafür danken möchte, daß ich immer wieder für Randgruppen eingetreten sei.

Ich möchte sogar behaupten, daß gerade diese Weise, so offen und ehrlich miteinander umzugehen, das Verhältnis so positiv machte; ich darf sagen, daß ich mich dadurch trotz aller Belastungen im ZdK zu Hause fühlte.

Zusammen alt werden

Die Kraft zur immer neuen Verwandlung

„Oh, daß sie ewig grünen bliebe, die schöne Zeit der jungen Liebe ..." In dieser Formulierung aus dem „Lied der Glocke" setzt Friedrich von Schiller voraus, die junge Liebe werde nicht alt, sie werde welken und schwinden. So, wie sie hier charakterisiert ist, kann sie in der Tat nicht bis ins Alter dauern: „O zarte Sehnsucht, süßes Hoffen, der ersten Liebe goldene Zeit. Das Auge sieht den Himmel offen, es schwelgt das Herz in Seligkeit." So hoch loderndes Feuer muß früher oder später herunterbrennen.

Wenn solcher Überschwang heute auch größerer Nüchternheit junger Verliebter gewichen ist, so heißt Sich-Verlieben doch nach wie vor: daß man überwiegend Liebenswertes im anderen erkennt und davon fasziniert ist, weil bestimmte Anlagen im eigenen Wesen spontan darauf ansprechen – und daß man mit den besten eigenen Möglichkeiten darauf antwortet. Wie dieser beglückende Prozeß auf Gegenseitigkeit zustande kommt, ist rational nicht zu ergründen. Er bleibt ein Geheimnis.

Im Alltag des Zusammenlebens erst kommen die dunklen und schwierigen Seiten des Partners zum Vorschein; das wird immer auch ein Stück Ent-Täuschung bedeuten. Sie annehmen und den Ehemann, die Ehefrau so lieben, wie sie wirklich sind – das ist die erste, unerläßliche Verwandlung von der bräutlichen zur ehelichen Liebe. Solche Verwandlung wird nicht ein für allemal vollzogen, sondern ist als Reifen der ehelichen Liebe auf den verschiedenen Stufen der Gemeinsamkeit immer wieder neu gefordert.

Angesichts der Frage, ob die Liebe bis ins Alter bewahrt werden kann, erinnerte ich mich an eine „Rede zur Trauung" des Philosophen Romano Guardini (in „In Spiegel und Gleichnis", Mainz 1932), die meinem Mann und mir im Verlauf unserer 50jährigen Ehe viel bedeutet hat und die wir uns in Krisenzeiten immer wieder einmal vornehmen. Da heißt es: „Was euch heute geschieht, ist ein Anfang – ‚Anfang' bedeutet nicht nur, daß bis jetzt etwas nicht war, und von nun an ist es; sondern der Anfang ist ein Geheimnis ... Wenn der Anfang rein und stark ist, dann liegt in ihm bereits alle Fülle kommenden Geschehens ..." Und weiter: „Am Ende steht dann wieder etwas Bedeutungsvolles: die Vollendung ... Auch Vollendung ist ein Geheimnis: daß dies Lebendige sein Maß erfüllt hat; daß es geworden ist, was ihm zugemessen war – wenn es denn das wirklich geworden ist, und nicht vielmehr sich selbst vergeudet oder verfehlt hat und nun nur abbricht ..." Das Schlüsselwort aus Guardinis Text ist für mich seine Grundthese: „So lange ist Leben lebendig, als es die Kraft des Neuwerdens hat ..."

Nach unserer Hochzeit sagte mir eine schon länger verheiratete Freundin: „Ihr werdet sehen, daß es immer schöner wird." Das überraschte mich; da mein Mann und ich uns relativ spät kennengelernt hatten, rechneten wir auch mit Problemen und Schwierigkeiten. Die blieben in der Tat nicht aus; aber wir erfuhren auch, daß recht hat, wer behauptet: die Liebe in der Ehe wächst entweder – oder sie schwindet. Und wir erfuhren, daß sie wächst, wenn man der „Versuchung der Alltäglichkeit, des Gewohntseins, des Altwerdens im Überdruß" (Guardini) begegnet durch die Bereitschaft zum neuen Anfang, zur Verwandlung.

Die personale Ehe der modernen Industriegesellschaft hat dafür größere Chancen, freilich auch größere Gefährdungen als die Ehe der patriarchalen Gesellschaft vor dem großen Umbruch im 19. Jahrhundert; diese war ja noch eingebettet in die Großfamilie und von ihr gestützt, aber auch von der Erstarrung in vorgegebene Geleise bedroht.

Wir hatten 1941, mitten im zweiten Weltkrieg, geheiratet; zwei Kinder sind noch während des Krieges, die beiden anderen in den Notjahren nach dem Krieg geboren. Wir erfuhren, wie in solchen schweren Zeiten unsere eheliche Liebe wuchs, wenn wir uns gegenseitig stärkten, um die Herausforderungen eines belasteten und bedrohten Alltags annehmen und darin bestehen zu können.

Wir erfuhren auch, wie Kinder die Ehe und die Liebe reicher machen und wie diese in der Ausweitung zur Familie eine neue Dimension erhält. Wenn die Sorge um die Kinder und die Beschäftigung mit ihnen beide Ehegatten nicht näher zusammenführen, sondern ganz als Aufgabe und Vorrecht der Mutter gesehen werden und diese mehr oder weniger absorbieren, kann eine Krise der Ehe drohen. Ich habe in jenen Jahren erkannt, wie wichtig es war, daß wir schon über die Ausweitung der ehelichen Liebe zur väterlichen und mütterlichen Liebe nachgedacht und gesprochen hatten; wie beide Ausprägungen voneinander profitieren können, wie aber die Ehe das Primäre bleibt und Krisen der Familie von ihr her gelöst werden müssen – nicht umgekehrt.

Die Familie löst sich als Lebensgemeinschaft auf, wenn die Kinder aus dem Hause gehen. Auch das kann Chance und Bedrohung für den Bestand der ehelichen Liebe sein: Zwar haben die Eltern jetzt mehr Zeit füreinander, vor allem wenn der Vater früher oder später aus dem Beruf ausscheidet. Aber diese Zeit will gefüllt sein; es bedarf der Phantasie und kreativer Ideen, wenn dann nicht Leere oder Langeweile aufkommen sollen, besonders bei der Frau. Oft ist jetzt wohl eine neue Phase von Verwandlung der ehelichen Liebe fällig. Wir haben das nicht so deutlich erfahren. Durch die besondere Art des Engagements, das wir beide – jeder auf seine Weise – auch im Pensionsalter noch ausüben, blieb und bleibt die – fruchtbare – Spannung zwischen dem ehelichen Dialog und dem Engagement in Kirche und/oder Gesellschaft auch im Alter noch aktuell.

Natürlich ist es eine besondere Chance, geistige Gemeinschaft lebendig zu erhalten, wenn die Interessen der beiden Partner verwandt sind. (Dabei ist uns klar, daß und wie wir in vieler Hinsicht privilegiert sind.) Aber auch dann ist es gut, ja notwendig, wenn jeder und jede in seinem oder ihrem Aufgabenbereich selbständig bleibt, damit man sich wirklich helfen und sich wechselseitig bereichern kann. Doch diese Spannung bleibt ambivalent: In dem Maß die jeweils eigene Welt Kreativität und Aktivität herausfordert, kann sie auch, gerade bei abnehmender Vitalität, das Wachsen der Gemeinsamkeit bedrohen; denn auch dann noch gibt es ein Problem von Frauen, deren Männer von ihrem Engagement ungewöhnlich existentiell beansprucht sind – sei es aus dem leidenschaftlichen Wunsch, noch weiter zu helfen, zu heilen, zu lehren oder zu schreiben, sei es, um sich und anderen die verbliebene Leistungsfähigkeit zu beweisen –; solche Frauen klagen: Mein Mann hat auch im „Ruhestand“ keine Zeit für mich, er ist mit seiner weitergehenden Arbeit oder seinem Hobby – etwa dem Computer – verheiratet. Und im Zeitalter der emanzipierten

Frauen sind da nicht selten die Rollen vertauscht; so habe ich es bei Künstlerinnen beobachtet, aber auch selber erfahren: In den Jahren, da ich intensiv in der Frauenbildungsarbeit engagiert und viel zu Tagungen und Konferenzen unterwegs war, pflegte mein Mann zu sagen: „Ich bin eifersüchtig auf die römisch-katholische Kirche"; dann rief mich das zur Frage nach der Toleranzgrenze auf für das, was ich dem Partner zumuten konnte. Diese Wachsamkeit ist, entsprechend modifiziert, auch im Alter noch nötig, wenn ich – bei eingeschränkter Spannkraft – von einem Beitrag für eine Zeitschrift oder ein Buch ganz absorbiert bin. Ich denke, es gibt da kein geschlechtsspezifisches Verhalten – jeder sollte das Engagement des anderen respektieren und auch mittragen.

In jedem Fall ist der geistige Austausch, das Gespräch zwischen Eheleuten, ein großartiges, ein wichtiges Element der ehelichen Liebe. Natürlich denke ich da auch an das entspannte Gespräch, wie ich überhaupt voraussetze, daß immer mehr auch der Freiraum für Muße und Genießen der guten Gaben Gottes wichtig sind; nicht, um die Zeit „zu vertreiben", sondern um jeden Tag und jede Stunde als geschenkte Zeit dankbar anzunehmen. Dann kann es geschehen, daß ein Frühling, eine altvertraute Landschaft, eine menschliche Begegnung plötzlich ganz intensiv neu erfahren werden. So kann einem auch aufgehen, was das doch bedeutet, bei einem Menschen, mit dem man viele tausend Tage so eng zusammengelebt hat, immer noch neue Seiten zu entdecken.

Je nach der Konstitution und der Biographie der Beteiligten wird die Bedeutung der geistigen Gemeinschaft, auch der Ehe als einer Weise der Freundschaft, größer oder kleiner sein; jedenfalls wird sie immer bedeutsamer im Alter, wenn die sexuelle Komponente zurücktritt, die für die junge Ehe und die Lebensmitte konstitutiv ist. Aber andererseits stimmt es nicht, daß die Freude aneinander, auch an der körperlichen Erscheinung, einfach schwindet, wenn die Haut runzelig und Arme und Beine schlaff und steif werden. Dann bleibt vor allem die Zärtlichkeit, die dem Eros zugehört. Daß diese nicht erstirbt, ist wichtig für das Bewahren der ehelichen Liebe im Alter.

Als wir beide zur Zeit des Zweiten Vatikanischen Konzils in Rom auf der Via Conciliazione spazierten, erkannte uns ein befreundeter Konzilsbeobachter, ein Quäker aus Philadelphia, aus einiger Entfernung daran, daß wir Hand in Hand gingen. Er nannte uns „Philemon und Baucis", was uns heute, ein Vierteljahrhundert später, öfter widerfährt. Das liebevolle arme alte Ehepaar aus den „Metamorphosen" des Ovid ist uns ein Zeichen geworden: die Gastfreundschaft, welche die beiden Alten Fremden gegenüber erwiesen, die sich als Götter herausstellten, fordert auch uns zur (bescheidenen) Gastfreundschaft heraus und erinnert uns daran, daß wir (nach der Regel des hl. Benedikt) den Gast wie Christus ehren sollen. Dem sehnlichsten Wunsch der beiden, zusammen sterben zu dürfen, steht überraschend die Verwandlung in zwei verschiedene Bäume gegenüber: Philemon wurde in eine Eiche, Baucis in eine Linde verwandelt; trotz der Gemeinsamkeit Bewahrung der Individualität noch über das Grab hinaus ...

Das erinnert mich daran, daß im Trauungsritus der Kirche bereits der Tod und die Trennung im Tod erscheinen: „... bis der Tod euch scheidet!" (Übrigens: Scheidet er uns denn wirklich?) Die letzte Phase der christlichen Ehe ist ein Stück Leben auf den Tod zu, und nun spätestens kommt für sie auch bewußt, stärkend und beglückend, die Bedeutung des Ehe-Sakramentes in den Blick. (Ich ließ sie in meinen Überlegungen bewußt zurücktreten, denn natürlich können auch Nichtchristen ihre Liebe bis ins hohe Alter bewahren. Ich persönlich kann mir allerdings ihre lebendige Dauer ohne die geheime Kraft des Sakraments nur schwer vorstellen.) Diese Erfahrung braucht nicht erst existentiell zu werden, wenn die Lasten des Alters den einen oder beide der gewohnten menschlichen Anziehungskraft berauben, entstellt oder verwirrt oder depressiv werden lassen. Dann ist noch einmal eine Verwandlung der Liebe fällig: zur Agape, der Liebe, die „nicht das Ihre sucht“, wie es im ersten Korintherbrief heißt; für die das Wohl und Heil des anderen wichtiger wird als das eigene. Zwar ist dieses „Sterben“ des Ich bei jedem Verwandlungsprozeß schon mitbeteiligt. Aber bisher war auch der Wunsch nach eigener Erfüllung und Entfaltung legitim. Er bleibt es auch im Alter; doch wenn das Kreuz einmal ganz im Vordergrund steht, sind in der Nachfolge Jesu viele Tode nötig als Vorbereitung auf die Vollendung am Ende des gemeinsamen Weges.

Daß ich deinen Arm der Nachwelt künde

Alterserfahrungen im Spiegelbild der Bibel

„Er gibt den Müden Kraft, und den Ohnmächtigen mehrt er die Stärke. Jünglinge werden müde und matt, Krieger straucheln und fallen; aber die auf den Herrn harren, empfangen immer neue Kraft, daß ihnen Schwingen wachsen wie Adlern, daß sie laufen und nicht ermatten, daß sie wandeln und nicht müde werden“ (Jes 40, 29–31).

Als mein Mann und ich zur Mitarbeit an dem Buch über Erfahrungen mit dem Alter eingeladen wurden, war schon abzusehen, daß er – mit 90 Jahren, nach der Operation eines Oberschenkelhalsbruches im Krankenhaus – würde absagen müssen. Ich hatte trotz dieser großen Belastung Lust, mitzumachen; ich durchlebte damals eine Altersphase, in der mir viel Kraft geschenkt wurde. Deshalb dachte ich an die Frage: „Orientierung auf Neues“. Bei mehrfacher Erfahrung von Neuaufbrüchen in den letzten Jahren war mir immer wieder die zitierte Jesaja-Stelle in den Sinn gekommen. Diese Verheißung hat mich oft gestärkt und beflügelt. Auch jetzt lebte und lebe ich ein Stück aus ihr.

Doch als dann die Belastungen der Krankheit merklich zunahmen und ich dabei meine eigene Schwäche, meine 78 Jahre plötzlich deutlich zu spüren bekam, fühlte ich mich nicht mehr im Stand, Neuaufbrüche im Alter zu bedenken; meine Gedanken waren auf die „Last des Alterns" gerichtet. Bald mußte ich die Auseinandersetzung mit den Themen des Buches wegschieben. Ich brauchte alle verfügbare Kraft, um den Belastungen der Pflege in den letzten Wochen vor dem Tod meines Mannes gewachsen zu sein. Wir hatten den Patienten auf seinen dringenden Wunsch hin aus dem Krankenhaus nach Haus geholt. Als eine Infektion den Zustand rasch verschlechterte, galt es, die Begleitung zum Sterben zu bestehen.

Einige Zeit nach seinem Tod, als ich zur Ruhe und zu mir selbst gekommen war, erwachte das Interesse an den Alterserfahrungen von neuem; nun lag es nahe, den „letzten Abschied" im Spiegel der prophetischen Verheißung zu reflektieren. Doch wollte ich den Stichworten „Neuaufbruch" und „Last des Alterns" nicht ausweichen. Ob das Verarbeiten so frischer persönlicher Erlebnisse nicht die Diskretion verletzt, habe ich mich gefragt. Im „Spiegel der Bibel", denke ich, wird diese Gefahr aufgefangen werden.

Wenn auch jetzt noch die positiven Erfahrungen und Erkenntnisse dominierten, selbst während der letzten schweren Wegstrecke meines Mannes, so sind es wohl die freundlichen Fügungen – Therese von Lisieux nannte sie „Délicatesses du bon Dieu" –, die zärtlichen Aufmerksamkeiten des guten Gottes also, die wir beide immer wieder erleben durften, und mit ihnen oft ein unverdientes Privilegiert-Sein. Dahinter ahnte ich aber auch eine neue Lebensdimension.

Fast genau ein Vierteljahr vor dem verhängnisvollen Sturz konnte mein Mann seinen 90. Geburtstag noch in voller geistiger Frische, mit viel Zuwendung und Anerkennung feiern. Das war, verbunden mit der Übergabe von acht Bänden seiner journalistischen Arbeiten durch Herausgeber und Verleger, eine große Stärkung und Bestätigung für sein trotz vieler Erfolge immer wieder angefochtenes Selbstgefühl. All dies half mit, die Tage der Krankheit mit Depressionen und demütigenden Situationen, die sich durch die wachsende Schwäche ergaben, relativ gelassen durchzustehen. Es gab ihm das Bewußtsein, den Nachkommen etwas vermittelt zu haben und nun ausruhen zu dürfen von den Mühen und Plagen, die sein Leben schwer, aber auch reich gemacht haben.

In der Geheimen Offenbarung des Johannes 14, 13 ist es der Geist, der den „Toten, die im Herrn sterben", dieses „Ausruhen" verspricht, mit der Begründung, daß „ihre Werke ihnen nachfolgen". Dabei sind wohl die Taten der Liebe gemeint, die diese Toten während ihrer Lebenszeit übten. Bei Walter Dirks denke ich auch an seine schriftlichen Arbeiten, mit denen er wohl eine Sendung erfüllt hat. Für viele ist er immer wieder ermutigend für die „Hoffnung wider die Hoffnungslosigkeit" eingetreten und hat gerungen um die Kraft, „auf die gute Karte zu setzen, auch wenn die Chancen gering zu sein schienen", wie es ein Freund formulierte.

Ich habe genug

Die Atmosphäre in diesen letzten Wochen war eigentümlich ambivalent. „Ich habe keine Angst vor dem Tod, aber Angst vor dem Sterben, vor allem, wenn langes qualvolles Krankenlager, Siechtum oder viele Schmerzen vorausgehen", sagte er zu Besuchern. Das blieb ihm gnädig erspart. Die ihm nahen und vertrauten Menschen erfuhren, daß er den Tod angenommen hatte, zeitweise sogar wünschte, daß es zu Ende gehen möge: „Ich habe genug gelebt, ich bin müde." Von Vorfreude auf das himmlische Jerusalem sprach er kaum; dazu war er wohl zu nüchtern. Immer wieder brach die Angst vor rasch zunehmenden körperlichen Beschwerden auf durch die Parkinson-Erkrankung, die bis jetzt noch unter Kontrolle gehalten war. Aber jetzt ließ sich eine Rollstuhl-Existenz voraussehen, die ihn von der Hilfe der Pflegenden abhängig machen würde.

Das war belastend, gewiß – aber keineswegs überwiegend bedrückend und zunächst auch keineswegs lebensbedrohend. Und heute denke ich: Was bei Ablehnung der Nahrung wie ein Streik aussehen mochte, war kein Protest, eher das Einwilligen in eine erahnte nahe Begrenzung der Lebenszeit, gegen die er sich nicht wehren wollte: Ich habe ein erfülltes Leben gehabt – es ist genug ...

Bis zuletzt besuchten ihn noch junge Menschen, die oft bei ihm Rat und Gespräch gesucht hatten; jetzt waren sie überrascht und erleichtert, daß man unbefangen, fast heiter mit ihm sprechen konnte. Auch noch in der großen Schwäche konnte er sich an kleinen Dingen freuen wie ein Kind, am Blick in den Garten mit den Bäumen und Blumen. In guten Stunden macht er wieder Pläne für die Zukunft, für die trotz allem noch erhoffte Rekonvaleszenz: er beschrieb genau, wie ein Garten-Liegebett für ihn aussehen sollte. Und die goldene Hochzeit im August – er wollte sie noch miterleben ...

Neu, immer wieder bewegend war für mich in den Tagen des Abschieds bei dem Gefährten so vieler Jahre, bei dem bis zuletzt auch spröden Westfalen, der Friede, den er ausstrahlte, wenn wir uns nach dem Abendgebet gute Nacht sagten. „Ich fühle mich jetzt oft in Gottes Gegenwart“, äußerte er eines Tages. Wir sprachen beide nur sparsam über religiöse Erfahrungen, erst durch meinen Mann habe ich das überhaupt gelernt; so überraschte es mich und war zugleich beglückend.

Schon einmal hatte ich erfahren, daß das Sprechen über den Tod nicht tabu zu sein braucht, daß es auch in der

Familie ohne Befangenheit möglich ist. Das war beim Sterben der Mutter meines Mannes vor über 40 Jahren. Beim Sichten alter Arbeiten kam mir ein Artikel mit der Erinnerung daran in die Hand, den ich 1949 für die Zeitschrift „Frau und Mutter" geschrieben hatte; ich fand bei aller Verschiedenheit der Situation verblüffende Übereinstimmungen im Verhalten von Mutter und Sohn vor dem letzten Abschied: „Bis ins Letzte echt und schlicht gemeint, ohne Überschwang und Frömmelei war es, wenn sie immer wieder versicherte, daß sie sich wie vor einem Vorhang fühle, der sich bald öffnen werde. Hinter dieser Todesbereitschaft steckte weder Lebensüberdruß, noch kapitulierte sie vor den wachsenden Schmerzen. Bis zuletzt nahm sie jede kleine Freude dankbar auf – die Besuche der Enkelkinder, deren Spiel vor dem aufblühenden Flieder im Garten, das sie in einem eigens angebrachten Spiegel betrachtete. Kostbar war jeder Augenblick, den wir vor dem friedlichen Ende bei ihr verbringen durften. Wir lebten noch tagelang nach dem Tod im Bewußtsein ihrer Nähe, eine lähmende Trauer kam nicht auf."

Bei beiden: welche Gnade, welches Privileg, wenn nicht Starrheit oder Existenzangst oder unerträgliche Schmerzen das Lebensende prägen, so daß ein „Sterben im Herrn" schwer vorstellbar erscheint!

Für mich selbst habe ich manchmal diese Angst: daß Geist und Herz stumpf und fühllos werden könnten, versperrt für das Wirken des Gottes-Geistes. Ich sehe manche Rollstuhlpatienten in der Pflegeabteilung des Altenheimes vor mir, in dem ich oft eine noch rüstige Verwandte besuche. Wenn ich solche Alten in ihrem Rollstuhl auf dem Flur grüßen will, schauen sie mich an aus Augen, die wie erloschen zu sein scheinen, leer und verständnislos, ohne zu reagieren. Kann nicht auch ich von heute auf morgen in diese Verfassung kommen, wie ich es bei sensiblen, vitalen Altersgenossinnen erlebt habe? Würde ich dann noch den Mut zum Weiterleben-Wollen aufbringen? Aus Solidarität mit solchen Betroffenen fühle ich mich fast gehemmt, Gott dafür zu danken, daß mein Lebensgefährte, wenn auch aus Schwäche kaum noch fähig zu reagieren, wachen Geistes und Herzens sterben durfte, auch dafür, daß ich heute noch die Verbundenheit mit ihm so stark fühle, ja, Mut zu einem neuen Anfang verspüren darf.

Gottes Kraft kommt in der Schwäche zur Geltung

Angesichts dieser Schwierigkeit fallen mir Antworten aus der Bibel ein, meist ohne Zusammenhang mit deren Kontext; ohne exegetische Reflexion greife ich sie auf, wenn sie mich treffen: „Sorget euch nicht um den morgigen Tag!" (Mt 6, 34), „Wirf deine Sorgen (‚cogitatum tuum' eigentlich: dein grüblerisches Denken) auf den Herrn, er wird dich aufrecht erhalten!" (Ps 54, 23) Oder – im Hinblick auf die Alten im Rollstuhl oder die Greise auf der Flucht – die Verheißung des Ausgleichs, die dem armen Lazarus gegeben wurde; er, der in seinem Leben Schlimmes erfahren hat, wird getröstet (Lk 16, 25). Dabei denke ich aber nur an diesen Aspekt eines Ausgleichs für die Opfer, der mir das Danken erlaubt. Ich selbst erfahre mein Privilegiertsein als Geschenk an eine müde und sehr schwache Frau, auf die das Jesaja-Wort genau paßt: „Er gibt den Müden Kraft, und den Ohnmächtigen mehrt er die Stärke."

In solchen Stunden kommt mir die Geschichte von dem Propheten Elias in den Sinn (1 Kön 19, 4–8), der sich sterbensmüde unter einen Ginsterbusch setzte und den Tod herbeiwünschte. Dann aber wurde er durch einen Engel mit Brot und Wasser gestärkt und ging in der Kraft dieser Speise 40 Tage und Nächte bis zum Gottesberg Horeb.

Hier wird sehr konkret die Situation eines Menschen geschildert, der nichts mehr von sich erwartet. Als Christ denke ich bei der Stärkung durch das Brot auch an unsere Stärkung durch das eucharistische Brot.

Der Kern dieser Aussage wird, abgesehen von der Alterssituation, zu einer Grundaussage der Bibel: Im Maß, in dem ich dafür offen bin, wirkt Gott in meiner Schwäche. So sagt es Jesaja, so sagt es Maria, die Mutter Jesu, im Magnifikat; so hat es Paulus erfahren, wenn er, mit Krankheit belastet, feststellt, daß die Kraft in der Schwachheit zur Geltung kommt (2 Kor 12, 9) oder daß der Geist unserer Schwachheit aufhilft (Röm 8, 26). Es ist letztlich das Geheimnis vom Weizenkorn, das Geheimnis vom Sterben und Auferwecktwerden Jesu.

Mein Mann ist am Fronleichnamstag gestorben. Auch darin sehe ich eine freundliche Fügung. Ihm, der zeitlebens seine Probleme hatte mit der Fronleichnamsprozession, der die Überzeugung vertrat, das eucharistische Brot sei zum Essen, nicht zum Zeigen da, wurde die Feier der Eucharistie, das Brudermahl in der Gemeinde, mit zunehmendem Alter immer teurer; von Sonntag zu Sonntag freute er sich darauf. Aber an diesem Fronleichnams-Sterbetag ist mir klar geworden, wie die Liebeserweise Gottes ganz andere Dimensionen annehmen können, als wir sie uns auszudenken vermögen. Zum erstenmal sollten in unserer Gemeinde an diesem Fronleichnamsfest Laien-Kommunionhelfer, die an der Prozession teilnahmen, von dieser aus den Kranken in den Häusern die Kommunion bringen. Wir freuten uns darauf. Am Morgen aber mußte ich diesen Bruderdienst absagen, da der Schwerkranke nicht mehr im Stande war, das heilige Brot – oder statt dessen den Wein – aufzunehmen. Ich kann es nicht wissen, aber ich möchte mir vorstellen dürfen, daß er am gleichen Tag am himmlischen Abendmahl teilnehmen durfte …

Und wiederum ist es eine Aussage aus dem Alten Testament, aus den Psalmen, die mir klarmacht, daß Wachheit und Kreativität bis ins Alter geschenkt sind als Auftrag, als Stärkung zum Weitergeben an andere:

„Gott, du hast mich gelehrt von Jugend auf,
und bis jetzt verkünde ich deine Wunder.
Auch im Alter noch, wenn ich grau werde,
verlaß mich nicht, o Gott,
daß ich deinen Arm der Nachwelt verkünde,
deine Kraft allen, die noch kommen werden …
Der du uns schauen ließest viel Angst und Not,
du wirst uns wieder beleben,
uns wieder heraufführen aus den Tiefen der Erde …"
(Ps 71, 17–20)

Authentisch werden im Alter

Zwischen Minderungen und Neuaufbrüchen

„Das Alter ist schön, wenn man nicht verlernt hat, anzufangen", so lautete – sinngemäß – ein Ausspruch, den ich vor längerer Zeit irgendwo gelesen hatte und mir aufhob, weil ich ihn beachtlich fand. Jetzt fiel er mir wieder ein, und ich suchte – vergeblich – nach dem genauen Wortlaut und dem Autor. Dieser Gedächtnisausfall und das mühsame Suchen sind Altersdefizite, mit denen ich zu leben lerne. Dazu gehört auch die chronische Heiserkeit, die mir das Sprechen mühsam macht. Der Facharzt sagt, das sei eine Schwäche der Stimmbänder, dagegen könne man nichts mehr tun – das komme vom Alter ...

Aber wichtiger ist, daß die Aussage über das Neuanfangen sich mir mit zunehmendem Alter bestätigt hat und mir wichtig geworden ist. Als Betroffene kann ich von persönlichen Erfahrungen ausgehen; da aber jede(r) eine eigene Lebensgeschichte und einmalige Erfahrungen hat, sind die daraus gewonnenen Erkenntnisse notwendigerweise von meinen persönlichen Akzenten bestimmt; vielleicht erscheinen sie manchem einseitig. Doch vielleicht kann ich hoffen, daß meine Überlegungen Anstöße zum Nachdenken geben.

Je älter ich werde – nunmehr bald 80 –, desto mehr scheint mir das Leben in dieser letzten Phase abzulaufen in der Spannung zwischen zunehmender körperlicher Schwäche mit wachsenden Ausfallerscheinungen – und neuen, positiv erlebten Erfahrungen mit mir selbst und meinen Möglichkeiten, mit den Beziehungen zu meinen Mitmenschen – und zu Gott. Das bedeutet konkret, daß ich mich manchmal wundere über das, was ich noch kann und was ich nicht mehr kann – etwa warum ich zwar noch intensiv an der Liturgie teilnehmen kann, aber keine freihändige Kniebeuge mehr schaffe –, oder daß ich nicht mehr bei der Fronleichnamsprozession mithalten, aber noch im Gottesdienst Orgel spielen kann. Schwerer, als solche körperlichen Begrenzungen anzunehmen, fällt es mir, mit den kurzfristigen Schwankungen des Selbstgefühls fertig zu werden.

Denn es scheint mir darauf anzukommen, daß man die Minderungen und damit die eigene Schwäche annimmt, daß man sich nicht verzweifelt oder verkrampft dagegen wehrt. Dieses grundsätzliche Annehmen einer spezifischen Armut scheint mir geradezu eine Voraussetzung für die Möglichkeit von Neuaufbrüchen zu sein, besonders wenn ein geistlicher Reifungsprozeß dabei mitspielt.

Es geht mir also hier nicht um die „neuen Alten", von denen jetzt soviel die Rede ist, um die 60- oder 65jährigen, die, früh aus dem Beruf ausgeschieden, noch viel Neues anfangen können und wollen. Bei ihnen sind Initiativkraft, Energie, politischer Einfluß, neue Lebensziele und Zukunftsentwürfe gefragt, und die Wirtschaft müht sich um sie. Das Fernsehen startet jetzt eine Sendereihe, in der es 10 Jahre lang 30 aus dem Berufsleben ausgeschiedene alte Menschen begleitet. Ich finde es wichtig, sich mit dieser gesellschaftlichen Gruppe auseinanderzusetzen. Aber als mein Thema verstehe ich das endgültige Alt-Werden, mit dem realistischen Blick auf die Minderungen und die wachsende Schwäche, doch aus der tröstlichen Erfahrung, daß es auch um die 80 und mehr nicht nur noch bergab zu gehen braucht.

Den Ausdruck „Minderungen“ habe ich von meinem vor zwei Jahren gestorbenen Mann Walter Dirks übernommen, der ihn vor acht Jahren in einer Rundfunksendung „Mein Traum von den lebendigen Alten“ verwendete. Der Beitrag wurde auch im Fernsehen übernommen und fand ein ungewöhnliches Echo. In diesem humorvollen Text sagte der Autor zur Ambivalenz dieser letzten Altersphase, das Alter sei „eine schöne Jahreszeit, aber auch Spätherbst, auf den Winter zu“. Und über die Minderungen formulierte er: „Minderung ist der Name des Prozesses, den der Alternde erfährt: ein Verlust an Vitalität, an Lebenstüchtigkeit, sozusagen als leib-seelische Schrumpfung.“

Diese Minderungen werden irgendwann auftreten – unausweichlich, an der einen oder anderen Stelle, meist aber an mehreren und oft eben auch bei solchen Alten, deren Geist noch wach geblieben ist. Ich denke an einen 90jährigen Priester-Freund, der noch im Ausland Vorträge hält, aber so schwerhörig ist, daß man kaum noch mit ihm telefonieren kann; oder an die 80jährige Bekannte, die fast blind ist, aber noch allein in ihrer Wohnung lebt, noch viele Kontakte hat und mit Hilfe der Gäste noch rege Gastfreundschaft übt. Nicht mehr lesen zu können erscheint mir als eine besonders harte Minderung. Geistige Lebendigkeit kann den unvermeidlichen körperlichen Abbau aufhalten, vor allem aber kann sie verhindern, daß die ständige Beobachtung der Minderungen oder die Registrierung von Schmerzen sich allzusehr in den Vordergrund des Bewußtseins drängt. Ständige Schmerzen können freilich diese geistige Beweglichkeit sehr beeinträchtigen. Oft mehr als die wachsende Vergeßlichkeit; diese kann zwar sehr lästig werden, aber mit Humor, mit guter Planung, viel Aufschreiben und einem gewissen Training kann man sie doch überlisten. Die geistige Beweglichkeit schließt auch nicht aus, daß die große Müdigkeit uns mehrmals am Tag überfällt und dann auch zur Unterbrechung geistiger Arbeit zwingen kann. Wohl dem, der sich dann mit einem Kurzschläfchen von wenigen Minuten einigermaßen über den toten Punkt hinwegretten kann! Mein Mann nannte in der erwähnten Sendung vor dem Übergang zu den – bei ihm überwiegenden – positiven Alters-Erfahrungen die Müdigkeit als die zweite große Belastung des Alters neben der Minderung, und als die dritte nannte er die Auseinandersetzung mit dem nahe bevorstehenden Tod.

Das tragische Gegenbild der möglichen Zweigleisigkeit von geistiger und körperlicher Entwicklung sind die alten Menschen, bei denen die geistigen Ausfälle extreme Formen annehmen: die total verwirrten, nicht mehr ansprechbaren Alten, die körperlich manchmal noch recht stabil sind, oder aber die vom Totalverfall der Alzheimerschen Krankheit Betroffenen. Es liegt nahe, daß alte Menschen, vor allem Bewohner von Altenheimen mit Pflegeabteilung, in depressiven Stunden die Angst überfällt, früher oder später ein solches Schicksal zu erleiden.

Wenn ich in dieser Spannung zwischen Abbau und Aufbruch neue Begegnungen, neue Entdeckungen, neue Freuden als unbegreifliches Geschenk erfahre, dann kann ich auch leichter mit dem Problem leben, das mir durch mehrfache Konfrontation mit der zuletzt genannten Möglichkeit des leib-seelischen Verfalls in der letzten Zeit immer wieder zu schaffen macht: daß Gleichaltrige oder Jüngere von heute auf morgen nicht mehr gesprächsfähig sind oder hilflose Rollstuhlpatienten geworden sind oder von quälenden Schmerzen geplagt werden, während ich noch meine, wenn auch reduzierten geistigen Kräfte gebrauchen darf und auch mit den noch verbliebenen körperlichen so einigermaßen zurechtkomme. Es geht dabei um die schwere und im Grund nicht zu beantwortende sogenannte Theodizee-Frage, die Frage nach der Gerechtigkeit des guten und allmächtigen Gottes.

Eine mögliche fromme Antwort, die aber für die schwer Betroffenen konkret oft wenig hilfreich sein mag, ist der Hinweis auf einen Ausgleich in einer anderen Welt; die Bibel macht sie in der Geschichte vom reichen Genießer und vom armen Lazarus anschaulich.

Als zweites habe ich allmählich gelernt, meine Dankbarkeit Gott gegenüber immer wieder auszusprechen, nachdem man ja mit dem Blick auf die Opfer auch da Hemmungen haben kann; aber danken ist eine Bewegung von mir weg und hat etwas Befreiendes.

Ein drittes ist für den Alltag vielleicht das Hilfreichste: der Gedanke an die Gemeinschaft der Glieder des pilgernden Gottesvolkes (oder nach Paulus: des fortlebenden Leibes Christi); das Bewußtsein also, daß wir füreinander da sind, daß das, was uns noch Aktionsfähigen da geschenkt wird, ja zum Weitergeben, für andere mit, geschenkt wird, nicht nur in der Ortsgemeinde, sondern auch in der Gemeinschaft der Menschen, die mir begegnen und geschickt werden. Im 71. Psalm habe ich das treffend ausgedrückt gefunden. Da klingt aber auch der Preis an, den solch ein Auftrag zugleich kostet. Da heißt es:

„Gott, du hast mich gelehrt von Jugend auf,
und bis jetzt verkünde ich deine Wunder;
Auch im Alter noch, wenn ich grau werde. –
Verlaß mich nicht, o Gott,
daß ich deinen Arm der Nachwelt verkünde,
deine Kraft allen, die noch kommen werden …

Der du uns schauen ließest viel Angst und Not,
du wirst uns wieder beleben,
uns wieder heraufführen aus den Tiefen der Erde."
(Ps 71, 17–30)

Praktisch bedeutet das etwa für die Beziehungen von alten Menschen untereinander: Wo die einen noch vorlesen oder von ihren religiösen Erfahrungen, etwa mit dem Bibellesen, erzählen können, die anderen aber nur noch beten oder ihre Schmerzen aushalten können, da bietet sich diese Weitergabe an, und sie wird immer ein Geben und Nehmen auf Gegenseitigkeit sein. Sollte sie nicht gerade in Altenheimen viel stärker realisiert werden, trotz aller Schwierigkeiten, mit denen man da rechnen muß?

Ich habe fünf Frauen – vier Verwandte und eine Bekannte – in fünf verschiedenen Altenheimen im Raum Freiburg und von daher auch einige konkrete Einblicke. Und ich mache mir viel Gedanken über diesen Komplex. Es ist sicher gut, daß es solche Häuser gibt, und wir könnten sie nicht mehr entbehren und müssen allen, die sich darin oder dafür engagieren, sehr dankbar sein. Nach meiner Ansicht ist das beste Heim aber nicht das am besten ausgestattete, wo alles gut funktioniert und die Bewohner „gut gezogen" und angepaßt sind, sondern das, in dem eine Atmosphäre gegenseitigen Wohlwollens und größtmöglicher Freiheit für alle herrscht; wo die kulturellen Angebote im Haus und im Ort und im zuständigen Altenwerk, aber auch der gesamte Lebens- und Umgangsstil noch Neuaufbrüche auslösen könnten. Und ganz wichtig ist, daß die personale Würde der Schwächsten und Behinderten bis zuletzt hochgeachtet wird. Ob freilich der einzelne Altenheimbewohner wenigstens von einem Menschen wirklich bejaht und geliebt wird oder geliebt wurde im Leben, das hängt von vielerlei Umständen ab, nicht zuletzt von seiner eigenen Bereitschaft zur Zuwendung und Kontaktfähigkeit. Jedenfalls ist es entscheidend wichtig. Die Isolierung und Vereinsamung ist die größte Gefährdung im Alter, sowohl innerhalb wie außerhalb der Altenheime.

Was aber schwebt mir nun vor bei den Neuaufbrüchen, die auch im höheren Alter und im Altenheim noch möglich sein sollen? Ich denke da zunächst an Neuaufbrüche, die durch eine veränderte Lebenssituation auferlegt, gefügt – oder geschenkt werden, je nachdem, was sich da verändert und wie man das aufnimmt und verarbeitet. Das Ausscheiden aus dem Beruf, der Verlust des Lebenspartners, die Notwendigkeit, aus der altgewohnten Wohnung auszuziehen – vielleicht ins Altersheim –, oder eine plötzlich auftretende Krankheit, aber auch ein Wechsel in der Betreuung oder in der Tischordnung im Heim sind zunächst Veränderungen, die alte Menschen mindestens vorübergehend aus dem seelischen Gleichgewicht bringen werden. Aber wenn es gelingt, in der schicksalhaften Fügung die Führung Gottes zu erkennen und sich ihr anzuvertrauen, dann kann eine neue Lebensphase beginnen, die im neuen Anfang trotz aller zu erwartenden Angst und Unsicherheit auch neue Kräfte und Erkenntnisse wecken kann, wie man sie sich vorher nicht zugetraut hätte.

Solche Krisen brauchen jedoch gar nicht immer von außen her ausgelöst worden zu sein. Wenn wir sensibel und offen genug dafür sind, dann erinnern auch innere Herausforderungen uns daran, wie Gott jeden von uns in seinem Liebesblick und jeden einmaligen Lebensweg in seinem Plan hat. Bei solchen größeren oder kleineren Krisen vergessen wir oft, darum zu beten, daß sie sich positiv auswirken mögen. Dann können sie neue Begegnungen schenken, Fähigkeiten entdecken lassen, die man bisher nicht an sich wahrgenommen hat: etwa eine Freiheit, die den Mut gibt, Unkonventionelles zu äußern oder zu tun: Man hat durch sein Freisein von beruflichen Rücksichten oder von familiären Verpflichtungen größere Unabhängigkeit, als Hochbetagter manchmal eine Art Narrenfreiheit gewonnen: es kann mir nichts mehr passieren. Ich entdecke neue, positive Züge an Menschen, die ich bisher vorwiegend kritisch beurteilt habe. Oder ich erlebe plötzlich den Frühling auf ganz neue Weise. Manche sprechen sogar von einer „zweiten Pubertät" im Alter.

Immer mehr erfahre ich, daß es dabei ganz und gar nicht um Willenstraining geht, wenn auch manchmal schon um Überwinden des Sogs von Herzensträgheit und Sich-Gehenlassen; es geht vielmehr um Offenheit für das, was die Situation mir anbietet. Diese Haltung beugt auch zwei Gefahren des alternden Menschen vor: einerseits sich zu überfordern mit Vorhaben, die man meint, mit Aufbietung aller Willenskraft noch leisten zu können, anderseits: die Herausforderung zu einem neuen Anfang nicht wahrzunehmen, die Chance zu vertun und durch Nichtbetätigung noch verbliebener Kräfte den Verfall zu beschleunigen.

Einen anderen Zugang zu solcher Freiheit und Souveränität des Alters fand ich bei dem Professor und Experten für Fragen des Alters aus Wien, Leopold Rosenmayr. Ich bin ihm zum ersten Mal vor sieben Jahren begegnet bei einer Fernsehaufnahme über das Alter mit Betroffenen und Fachleuten. Damals forderte mich sein, wie mir schien, zu einseitig positives Hervorheben der großen Chancen der neuen Lebendigkeit und Kreativität des Alters zum Widerspruch heraus und zum Hinweis auf die nicht zu unterschätzende Realität vieler ganz elender alter Menschen ohne subjektive Zukunftsperspektive. Jetzt kam mir vor kurzem sein über 400 Seiten dickes Buch „Die späte Freiheit" in die Hände. Darin arbeitet Rosenmayr zwar eindrucksvoll die großen Chancen der Freiheit im Alter heraus, spricht aber doch auch sehr differenziert von den Begrenzungen durch das sichere Lebensende, nicht in erster Linie vom Christlichen her, sondern mehr vom Humanistischen, von der Realität des Todes her. Aber es überraschte mich, daß doch auch er die bejahte Armut des Alters als die Grundvoraussetzung für diese Freiheit sieht. Er nennt den mittelalterlichen Mystiker Meister Eckart mit dessen Erkenntnis vom „Durchbruch" und sagt dazu: „Entscheidend für die Freiheitsgewinnung des älteren Menschen ist seine Kraft, sich der Fortführung des Bisherigen zu widersetzen und in Akten des ‚Durchbruchs' unter Einbußen, z. B. des Prestigeverlustes, ... authentisch werden zu können", das heißt, ein eigengeprägter Mensch werden zu können. Und dann ein Satz, der sehr nachdenklich macht, nämlich: „Der Durchbruch, und das scheint mir ganz und gar entscheidend, ist von Gelassenheit getragen. Es ist kein wildes Aktivwerden, kein Drängen nach Freiheit oder rasches Einholen von Entscheidung, sondern vielmehr ein Horchen auf sich im Vertrauen auf die Kräfte der Seele."

Trotz der Übereinstimmungen bleibt freilich die Frage offen, wie bei schweren Altersdepressionen oder überdurchschnittlichen Minderungen der „Durchbruch" zur späten Freiheit möglich werden kann, wenn die „Kräfte der Seele" stumm geworden zu sein scheinen oder wie gelähmt sind. Hier wird das Geheimnis vom Weizenkorn, das viele Frucht bringt, wenn es stirbt, zur eigentlich christlichen Antwort. Wenn es in die Erde gefallen ist und Frucht bringen soll, muß es ja auch wieder – verwandelt – nach oben durch die Erde durchstoßen können. Der 90jährige Theologe Heinrich Spaemann sagt von diesem Bild: „Dieser Spruch ist einer der wichtigsten und tiefsten des Johannes-Evangeliums, ja der Schrift überhaupt, weil seine

Bedeutungsweite und -tiefe das Ganze der Offenbarung umgreift."

Und dennoch: Kann das Wort vom Weizenkorn für Tiefpunkte des Lebens, in denen alle Auferstehungshoffnung ganz weit weg und nicht mehr spürbar ist, mehr sein als ein frommer Spruch? Ich bekam zu Ostern eine Karte mit einer jüdischen Inschrift aus dem Warschauer Ghetto; diese lautet:

„Ich glaube an die Sonne, auch wenn sie nicht scheint,
ich glaube an die Liebe, auch wenn ich sie nicht spüre,
ich glaube an Gott, auch wenn ich ihn nicht sehe."

Und hinten auf der Karte stand in schwer zu lesender Schrift der Ostergruß einer über 93jährigen, sehr hinfälligen, aber geistig wachen Frau, die durch ein besonderes Schicksal schwer an der Kirche gelitten hat. Sie schreibt: „... ach, wenn ich noch gesunde Augen hätte, um ordentlich schreiben zu können! Aber die Hände kann ich noch falten für geliebte Menschen hier auf der Welt und drüben ... Ich bin eine Ruine, aber doch getröst, getröst, wir sind erlöst!"